오늘만 행복하자

오늘만 행복하자

2016년 11월 18일 초판 1쇄 인쇄
2016년 11월 25일 초판 1쇄 발행

지은이 나창현
펴낸이 황정필
펴낸곳 실크로드
등록번호 제2012-000216호
등록일 2010년 7월 9일
주소 경기도 파주시 출판도시 광안사길 103
전화 031-955-6333 | **팩스** 031-955-6335
홈페이지 www.achimnara.kr
이메일 adad1515@naver.com

ISBN 978-89-94893-25-9 03810

오늘만 행복하자

나창현 지음

실크로드
silkroad

들어가며

행복한 인생을 위하여

우리에게는 오직 오늘만 있을 뿐이다. 어제는 이미 지나갔고, 내일은 아직 오지 않았다. 내일도 내일이 되면 오늘이다. 우리에겐 영원히 오늘만 있다. 그럼에도 우리는 지나간 과거에 집착하고 내일, 즉 미래에 기대를 건다.

과거에 집착하면 그것에 묶여 앞으로 나아가지 못한다. 내일은 오늘보다 한결 낫고 더 좋을 것이라는 기대는 우리에게 위안이나 희망을 주지만 내일이 오늘보다 훨씬 좋아지고 잘될 것이라는 보장은 없다. 오히려 내일은 오늘보다 더 나빠질 수도 있고, 아예 없을 수도 있다.

카프페 디엠Carpe Diem!

'오늘을 즐겨라' '지금 이 순간을 즐겨라' 하는 뜻이다. 라틴어로 '카프페'는 즐기다, 잡다, 사용하라 등을 뜻하고 '디엠'은 영어의 데이day와 같은 뜻이다. 고대 로마의 시인 호라티우스의 시에서 사용된 말이며, 우리가 잘 아는 〈죽은 시인의 사회〉를 통해 널리 알려졌다.

오늘을 즐기라고 해서 쾌락적으로 엔조이enjoy하라는 말은 절대 아니다. 카르페가 잡다, 즐기다의 뜻이 있듯이 오늘을 잡아라, 오늘을 누리라는 뜻이다. 진정한 행복은 순간적 기쁨이 아니다.

삶에서 충만감을 느끼고, 보람으로 가슴이 벅차오르고, 사람들과 향기로운 교감이 이루어지고 스스로를 소중하게 느끼는 것이 진정한 행복이다. 삶 그 자체에 대한 감사를 느낄 때 우리는 비로소 행복하다고 할 수 있다.

우리가 살아 있는 오늘, 영원히 하나뿐인 오늘에 충실한 것이 자기 자신을 위하는 가장 확실한 방법이다.

오늘은 자기 인생의 첫날이자 마지막 날이 될 수 있다. 따지고 보면 자신의 모든 삶은 오늘 시작된다. 오늘에서 삶의 가치를 찾아야 한다. 시간이 지나가 버리는 것처럼 행복도 머물지 않는다. 지금 누리지 못하면 지나가 버리고 만다.

지금 행복할 수 있는데, 그것을 받아들이지 못하는 바보가 되면 인생을 망친다. 오늘이 쌓여서 일생이 되고, 행복한 오늘이 쌓여서 행복한 인생이 된다.

이 책을 통해서 나는 '행복과 가까워지는 방법', '행복을 느끼는 방법', '행복을 누리는 방법'에 대해서 독자들과 함께 생각해 보고자 한다.

이 책을 통해서 만나는 모든 분께 행복이 함께하기를 기원한다.

지은이 나창현

Part 1

그리고 만약 지금이 아니라면, 언제?
And if not Now, When?

Part 2

오늘같이 좋은 날

Oh, Happy Day

Part 3

그가 말했다. "오늘을 사랑하라"

Love for Today

Part 4

'오늘'을 행복하게 하쿠나 마타타

Hakuna Matata

Part 1

그리고 만약 지금이 아니라면, 언제?

And if not Now, When?

그리고 만약 지금이 아니라면, 언제?

우리가 살아 있고, 살고 있는 이 시간은 오늘이다. 내일은 있을 수도 있고 없을 수도 있다. 그런데도 사람들은 오늘 이 순간에 대한 소중함을 생각하지 않는다.

인간의 생명은 유한하다. 그래서 언젠가는 반드시 죽을 수밖에 없다. 그런데도 사람들은 지금 이 순간이 아니면 다시 돌이킬 수 없는 행복마저도 놓쳐버리고 만다.

"내일이 있잖아?"

"내일은 꼭 그녀에게 사랑을 고백해야겠어."

"다음에도 기회가 있어."

"오늘 할 일은 무슨, 야, 내일 지구의 종말이 오냐? 내일 해, 내일!"

내일 지구의 종말이 오는 것은 아니지만, 내일 자신에게 뜻하지 않았던 불행이 올 수도 있고, 내일이면 사랑하는 사람이 이미 떠나버렸을 수도 있다. 오늘 해야 할 일을 매듭짓지 못하면 골든타임을 놓쳐 후회할 수도 있다. 오늘이라는 시간은 내게 반드시 존재하지만 내일이라는 시간은 내 인생에서 사라져 버릴 수도 있다.

그리고 만약 지금이 아니라면, 언제?

And if not now, When?

If it's not now then When?

이 유명한 말은 유대인 선조들의 어록 또는 잠언인 '피르케이 아보트Pirkei Abot'에 나오는 말이다. 선조들의 어록이라는 뜻으로 Chapters of Fathers 또는 Ethics of the Fathers라고도 한다. 유대인이 후손들을 가르치는 경전이랄까, 율법과 같다.

과연 이보다 더 꼭 필요한 가르침이 있을까? 당장, 지금 해야 할 일을 자꾸 뒤로 미룬다면 과연 언제 한다는 말인가?

고대 로마 시인 호라티우스Horatius는 수천 년 전부터 유대에서 구전으로 전해져 왔던 '그리고 만약 오늘이 아니라면, 언제?'에 근거해서 〈카르피 디엠Carpe Diem〉이라는 시를 지었다. '카르페 디엠'은 라틴어로 오늘을 즐겨라, 오늘에 충실하라는 뜻이다.

또한 우리에게 소설과 영화로 잘 알려진 〈죽은 시인의 사회〉는 '카르페 디엠'을 주제로 한 작품이다. 새로 부임한 혁신적인 교사 키팅은 오로지 내일에 매달려 있는 학생들에게 "오늘을 즐겨라, 오늘을 잡아라!"(Carpe Diem! Seize day!)라고 외친다.

서양의 누군가가 '시간의 걸음걸이'에는 세 가지가 있다고 했다. 미래는 주저하면서 다가오고, 현재는 화살처럼 날아가고, 과거는 영원히 정지하고 있다는 것이다. 맞는 말이다. 아무리 화려했던 지난날도 이미 가버려 되돌아 올 수 없으며, 눈부시게 찬란하리라 열망하는 미래는 약속된 것이 아니어서 언제 올지 모른다.

우리 인생에서 가장 중요한 날은 현재, 지금, 오늘이다. 그런데 오늘은 눈 깜짝할 사이에 쏜살처럼 날아간다. Seize day! 오늘을 붙잡아야 한다. 오늘을 꽉 잡고 오늘을 가득 채워야 한다. 그러자면 무엇인가 당신이 하고자 하는 것, 누리고자 하는 것을 당장 실행해야 한다. 우물쭈물해서는 안 된다.

미국의 권위 있는 경영 컨설턴트이자 리더십의 대가인 존 맥스웰John Maxwell은 그의 저서 〈행동의 리더십〉에서 이렇게 강조하고 있다.

"지금 당장 시작하라. 무슨 일을 하려고 하느냐가 아니라 지금 현재 어떤 일을 하고 있느냐가 중요하다.
실패한 사람들은 '언젠가 증후군Someday Sickness'을 가지고 있다.
그들이 늘 하는 말은 '어느 날인가'이다.
하지만 그 어느 날은 영원히 오지 않는다.
행복한 삶을 보장하는 최선은 지금 즐기는 것이다."

"언젠가는 행복한 순간들이 있겠지."

"내일도 오늘처럼 행복할 수 있겠지."

이것은 낙관적, 낙천적인 것도 아니며 긍정적 마인드도 아니다. 오늘을 방기放棄하는 직무유기이다. 오늘을 흘려보내며 그저 막연히 '내일' 하며 속절없는 믿음을 갖는 사람은 결코 인생을 행복하게 사는 사람이 될 수 없다.

어느 남자에게 진정으로 사랑하는 여자가 있다고 하자. 당장 그녀에게 사랑을 고백해야 결정이 날 것 아닌가.

"언젠가 그녀가 나한테 오겠지."

하다가는 어느새 그녀는 다른 남자와 결혼했을 것이다.

그들은 "지금이 아니라면 언제?" 하고 물으면 확실한 대답조차 못한다. 그렇게 무엇이든 자꾸 뒤로 미루는 것이 습성인 사람들이다. 그야말로 '언젠가 증후군'이다. 영어로 syndrome이 아니라 sickness다. '시크네스'는 질병이라는 뜻이다. 그들은 아무리 세월이 흘러도 아무런 성취하지 못한다. 그리고 자신의 실패를 사회를 탓하고 남을 탓한다.

또 한 부류가 있다. 바쁘다는 사람들이다. 무엇 하나 제대로 결실을 맺지 못하면서 바쁘다고 설치는 사람들이다.

"아, 그거? 바빠서 못했어. 미안해."

"오늘은 너무 바빴어. 그거 신경 쓸 겨를이 없었어."

항상 바쁘다고 떠드는 사람치고 무엇인가 가시적인 결실을 맺는 사람이 드물다. 그래서 발명왕으로 불리는 미국의 토머스 에디슨이 변명 중에서 가장 어리석고 못난 변명이 '시간이 없어서'라는 변명이라고 했다.

성공하고 싶다면, 진정으로 행복한 삶을 살고 싶다면, 오늘 꼭 해야 할 일, 오늘 끝마쳐야 효과가 더욱 클 일을 뒤로 미루거나 '바쁘다' '시간이 없다' '다음에…'라는 핑계로 어물쩍대지 말아야 한다.

독일의 대문호 괴테가 그에 대해 좋은 교훈을 주고 있다.

"시간이 언제나 당신을 기다리고 있다고 생각하지 마라. 게을리 걸어도 결국 목적지에 도달할 날이 있을 거라는 생각은 잘못이다. 하루하루 최선을 다하지 않고는 그 날의 보람이 없을 것이며 동시에 최후의 목표에 도달하지 못할 것이다."

행복도 마찬가지이다. 지금 이 순간 누릴 수 있을 때 누려야 한다.

오늘만 행복하라고?
그럼 내일은?

오늘만 행복하라고? 그럼 내일은? 내일은 엉망이 돼도 좋다는 말인가?

아니다. 그럴 리가 있겠는가? 가만히 생각해 보라. 우리는 오직 '오늘'만 살 뿐이다. 어제는 어제의 오늘이었고, 내일은 내일의 오늘이다. 내가 살아서 움직이고 활동하며 꿈꾸는 시간은 바로 지금 이 시간, 오늘뿐이다.

영국의 역사가였던 토마스 칼라일은 그의 시 〈오늘을 사랑하라〉에서 30번의 오늘이 모여 한 달이 되고, 365번의 오늘이 모여 1년이 되고, 3만 번의 오늘이 모여 일생이 된다고 했다.

우리 인생은 오늘의 연속으로 이루어진다. 하루하루 오늘을 충실하게, 알차고 보람 있게 살면 그러한 오늘들이 모이고 쌓이면서 자신의 목표를 성취하고 행복한 인생을 살게 된다.

어제는 이미 지나간 과거이고, 내일은 아직 오지 않는 미래일 뿐이다. 그런데 대부분의 사람들은 '오늘'에 무척 소홀하고 크게 의미를 두지 않는다.

그러면서 어제, 즉 지나간 과거에 집착한다.

"뭐? 걔가 서울대에 합격했다고? 중학교, 고등학교 때까지도 항상 내가 걔보다 성적이 앞섰어. 걔가 나한테 이긴 적이 한번도 없었거든."

"학교 다닐 때 내가 전교에서 제일 예뻤어. 내가 남학생들한테 제일 인기가 좋았단 말야."

"그 친구는 나보다 항상 승진이 늦었죠. 근무평가에서 내가 그 친구보다 언제나 앞섰습니다. 그런데 어떻게 그 친구가 부장이 됐는지 모르겠네요. 나는 여전히 과장인데…."

"뭐? 난 아직 전세 사는데 걔가 큰 아파트를 샀다고? 예전에 우리 집이 걔네보다 훨씬 잘 살았거든."

이런 식으로 자신의 과거를 가지고 남들과 비교하려 한다. 다른 사람의 성장은 폄하하고 인정하지 않으려 한다. 친구가 자기보다 공부를 잘 못했다고 해서 영원히 자기가 앞서는 것은 아니다. 그 친구는 분발해서 아주 충실한 '오늘'을 보내면서 성장했는데 그것을 인정하지 않는다.

학교 때 제일 예뻤다고 해서 영원히 자기가 제일 예쁘지 않으며, 직장에서 자기가 앞서 승진했대서 영원히 앞서는 것은 아니다. 과거에 자기 집이 잘 살았다고 해서 영원히 남들보다 잘 사는 것은 아니다.

오늘, 하루하루에 충실한 사람은 그만큼 발전한다. 그냥 허송세월한 사람이 자신의 과거를 내세운다는 것은 부질없다. 이미 지나간 과거에 집착해서 어쩌자는 것인가?

사람을 평가할 때 그 사람의 과거로 평가하는 습성은 잘못된 것이다. 이를테면 어떤 사람이 과거에 우발적 범죄를 저지른 전과자라면 영원히 전과자로 평가된다. 그 사람이 마음을 바로잡고 좋은 일을 많이 해도 전과자였던 과거만 기억하고 과거로 사람을 평가한다.

19세기 영국의 루이스 캐롤Lewis Carroll이 쓴 동화 〈이상한 나라의 앨리스〉에 이런 대사가 있다.

"어제 이야기는 아무 의미 없어요.
왜냐하면 지금의 나는 어제의 내가 아니거든요."

내일, 미래도 마찬가지다. 내일은 아직 오지 않은 날이다. 흔히 말하는 미래는 지금, 오늘과 멀리 떨어진 한참 뒤에 올 날을 뜻한다. 자신의 내일이 어떨지 아무도 모른다. 오늘보다 더 나쁜 날이 될 수 있고, 몹시 불행한 날이 될 수도 있으며, 내일 죽음을 맞이할 수도 있다.

그런데도 사람들은 내일은 오늘보다 훨씬 좋을 것 같은 착각으로 무엇인가 기대하며 살아간다. 내일의 행복을 위해 기꺼이 오늘을 희생한다.

"오늘은 힘들지만 내일은 잘 될 거야. 내일은 오늘보다 나을 거야."

하지만 그렇게 된다는 내일에 대한 확신과 보장은 아무 것도 없다. 그냥 그런 희망을 가지고 자신의 오늘을 낭비하는 것이다. 더구나 내일이 되면 그 또한 '오늘'인 것을.

물론 행복했던 기억들을 떠올리며 자신의 위축된 삶에 활기를 얻고, 아직 오지 않은 앞날에 대한 꿈과 희망을 가지고 온갖 어려움을 헤쳐 나갈 수 있다.

모든 동물들에게는 어제도 없고 내일도 없다. 오로지 지금, 오늘만 있을 뿐이다. 내일을 기대하는 것은 인간만의 특권이다. 하지만 내일에 대한 기대는 오늘을 어떻게 보내느냐에 달려 있다.

젊은이들이 장기적인 경제침체로 취업난에 시달리고 세상이 어지러워 불확실한 미래에 대한 불안으로 좌절감에 빠져 속절없이 오늘을 낭비해 버리거나 갖가지 스트레스와 분노를 참지 못해, 오늘을 파괴해 버린다면 기대하는 내일이 올 수 있겠는가.

이미 지나간 어제, 과거를 뒤돌아 볼 것도 없고, 오지 않은 내일을 미리 걱정할 일이 아니다. 거듭해서 얘기하지만 내일도 '오늘'이다. 우리의 삶은 오늘을 이어가는 것이다.

오직 오늘의 행복과 만족을 위해 최선을 다하는 오늘들이 이어진다면 기대하는 꿈과 희망이 마침내 이루어지는 오늘을 맞이할 수 있다. 그리하여 '오늘만 행복하자'는 것이다. 뒤돌아보지 말고, 멀리 내다보지 말고, 오직 오늘에 충실하자는 것이다.

몇 년 전에 베스트셀러가 됐던 프랑스의 정신과 의사 푸랑수아 를로르Francois Lelord가 쓴 〈꾸뻬 씨의 행복여행〉이 있다. 이 책에서 그는 진정한 행복을 위해 이렇게 말한다.

"살아라! 오늘이 마지막 날인 것처럼.

사랑하라! 한 번도 상처받지 않은 것처럼."

나에게
오늘은 어떤 행복이
다가올까?

의사는 무척 바쁜 직업이다. 종합병원에서 인턴이나 레지던트 등, 수련의들도 한결같이 눈코 뜰 새 없이 바쁘다. 거의 모든 시간을 병원에 매달려 있어야 한다. 그렇게 정신없이 수련의를 마치고 전문의가 되어서도 바쁘기는 마찬가지다. 수많은 환자들을 상대하다 보면 어떻게 오늘 하루가 지나가는지 모른다.

환자는 다양하다. 남녀노소의 구별도 없다. 증상이 대수롭지 않은 단순한 환자도 있지만 상태가 심각한 환자도 있고, 서두르지 않으면 생명이 위태로운 환자도 있다. 이들을 증상이나 증세에 따라 적절히 처치해야 하고 입원환자들은 끊임없이 예후를 지켜봐야 한다.

그뿐이 아니다. 환자의 보호자들은 당연히 환자의 상태가 궁금하다. 따라서 담당의사에게 한마디라도 더 듣고 싶어 한다. 의사의 앞을 가로막고 수없이 질문을 쏟아놓기도 한다.

일반적으로 의사들은 말을 아낀다. 환자의 증세는 수시로 변하기 때문에 쉽게 단정적으로 설명하기도 어렵거니와 환자에게 신뢰감을 주려면 불필요한 말을 삼가야 한다. 그러자면 말은 아껴야 한다.

그런데 환자나 보호자들은 자신의 궁금증이 채워질 때까지 의사가 성실하게 자세히 설명해 주지 않으면 '건방지다' '무뚝뚝하다' '책임감이 없다' 는 등 의사를 비난한다. 심지어 '히포크라테스 선서' 의사의 윤리, 사명감, 책임감까지 들먹이며 몹시 화를 내는 사람들도 있다.

의사는 매순간 순간 최선을 다해야 한다. 오늘만 있을 뿐이다. 사람의 소중한 생명을 다루기 때문이다. 병원을 찾아오는 환자들은 거의 대부분 신체에 이상이 있어서 온다. 환자의 상태를 정확히 파악하고 적절한 조치를 취하는 것이 의사의 임무다. 의사의 판단과 처치에 착오가 있으면 환자에게 치명적일 수 있다.

위급한 환자를 느긋하게 살피거나 조치를 뒤로 미룰 수 없다. 즉시 환자의 상태를 정확히 판단하고 조치를 해야 한다. 환자의 진단에 실수나 착오가 있어서도 안 된다. 초조하고 궁금증이 가득한 환자나 보호자에게도 최선을 다하고 친절해야 한다. 따라서 의사는 항상 긴장해야 하고 바쁠 수밖에 없다. 또한 좀처럼 갖가지 스트레스에서 벗어나기 어렵다.

그나마 의사들은 자신이 치료한 환자의 병세가 호전되고 완치되어 퇴원할 때, 위급하고 절망적이었던 상태에서 벗어나 정상을 되찾을 때 큰 보람과 만족감을 느낀다. 하지만 그것은 잠시뿐이다.

환자들은 끊임없이 병원을 찾아오고, 의사들은 긴장감과 스트레스에서 벗어나지 못한다. 의사에게 스트레스가 많을수록 그만큼 오진誤診할 확률도 높아진다. 사생활에도 크게 영향을 미친다. 짜증이 많아지고 가슴이 답답해서 숨이 가쁠 때가 많다. 어떻게 보면 의사야말로 환자일지도 모른다.

의사로서는 강박관념과 스트레스를 푸는 것이 무엇보다 중요하다. 하지만 업무량이 많고 항상 긴상할 수밖에 없는 의사에게 여가시간은 무척 제한적이다. 휴일이나 비번 등으로 조금이라도 시간의 여유가 생겼을 때, 되도록 잔뜩 쌓인 스트레스를 풀 수 있게 노력하지 않으면 안 된다.

그러다보니 정신적인 외로움이나 주변에 대한 배타성이 생겨나 활력소를 찾지 못하거나 삶에 대한 궁극적인 목적에 회의가 생겨나면 자괴감에 빠져 힘들어진다.

나 또한 의사로서 진료 이외의 수많은 난관들에 부딪쳐서 한때 엄청난 고통의 시간을 겪으며 자신과 싸워 왔던 상황도 있었다. 직업에 대한 회의, 내 삶에 대한 의문이 생겨나 오랜 시간을 자신과 싸워 왔다.

다행히 나에게는 오랫동안 지속해 온 취미라고 할까, 의사로서의 본분 이외에 내가 몰두해 온 분야가 있다. 바로 사진촬영이다. 전문적인 사진작가는 아니지만 아마추어로서는 그 누구보다도 열심이라고 자부한다.

어렵게 시간여유가 주어지면 나는 가차 없이
카메라를 들러 매고 야외로 나간다.
바쁘게 움직이던 병원 그리고 집에서 벗어나는
순간부터 벌써 가슴이 설렌다.
도시에서 멀리 떨어질수록 좋다.

농촌도 좋고, 어촌도 좋고, 산도 좋고 바다도 좋다. 병원이라는 하얀 벽의 닫힌 공간, 일상에서 벗어나 자연 속으로 뛰어드는 것만으로도 벅차다.

자연은 정말 아름답고 신비롭다. 의사가 현미경으로 병균을 찾아내고 신체내부를 촬영한 필름을 관찰하고 분석하는 작업에서 벗어나 마치 망원경으로 우주를 관찰하듯 자연을 바라보면 스트레스들이 저절로 풀린다. 아름다운 자연은 가슴을 시원하게 해 주고 머리를 상쾌하게 해 준다.

기억에 남기고 싶은 풍광들을 부지런히 카메라에 담는다. 그 때문인지 내가 찍은 사진들은 대부분 자연이 소재다. 병원에서 잠깐이라도 짬이 있을 때 환자의 엑스레이를 보는 것이 아니라 내가 찍은 자연, 특히 기억하고 싶었던 멋지고 아름다운 풍광을 다시 보면 머리가 맑아진다. 머리가 맑으면 환자의 진찰도 정확하다.

나는 사진촬영 취미를 가진 것을 정말 기쁘게 생각한다. 카메라로 모든 스트레스를 해소시키기 때문이다. 의사로서 당연히 환자치료가 중요하지만 의사로서 피할 수 없는 온갖 스트레스를 해소시키는 것도 환자치료만큼 중요하다. 그래야만 의사로서 사명감과 책임감을 다할 수 있기 때문이다

오늘 하루를 행복하게 해 주는 원동력 중의 하나인 사진 찍기를 위해서 근무가 없는 주말마다 항상 등산을 간다. 체력을 키우고 운동 목적도 있지만 산 정상에서 맞이하는 저녁노을을 촬영하는 즐거움을 찾기 위해서다.

산은 오를 때마다 힘들다. 오후시간 대에 산은 조용하다. 숨가쁘게 올라서 정상에 서면, 그 뜨거웠던 태양이 장엄하고 화려한 색채를 뿌리며 서서히 산 뒤로 사라진다. 나는 그 광경을 수년째 촬영하고 있다. 찍을 때마다 느껴지는 황홀함 때문에 다시 그 힘든 산을 오르게 된다.

이때의 행복감을 여러 사람들에게 전달하고자 2년마다 산 노을 사진전을 개최하고 있다. 자연히 '산 사나이, 산 노을 사진작가'라는 불러주는 이웃들이 좋다.

나뿐만이 아니라 거의 모든 의사들이 하루하루 최선을 다한다. 그것이 의사의 특성이다. 인간의 소중한 생명, 누구에게나 하나뿐인 생명을 다루면서 최선을 다해야만 한다. 그리하여 의사에게는 내일이 있을 수 없다. 오직 오늘만 있을 뿐이다.

온종일 환자들에게 최선을 다하고 자신의 판단에 따른 치료가 가시적인 성과를 나타낼 때 의사는 행복하다. 오늘 하루가 너무 힘들어 녹초가 되었더라도 오늘 하루, 최선을 다했다고 느끼는 순간 행복은 내것이다.

지금,
시간이 흐르고 있는
이 날

우리의 삶을 이끌어 가는 것은 '시간'이다. 우리는 '시간'을 살아간다. 지나가버린 시간은 과거가 되고 아직 오지 않은 시간은 미래가 된다. 미래未來, 아직 오지 않았다는 뜻이다.

당연히 내가 살아 있는 이 순간, 이 시간이 중요하다. 그 때문인지 지나간 시간에 대한 표현은 과거, 어제, 옛날 등, 몇 개 되지 않는다. 미래는 더 적다. 내일, 앞날, 미래 정도다. 그러나 우리가 살아 숨 쉬고 움직이는 시간에 대한 표현은 아주 많다. 이 순간, 지금, 오늘, 현재, 현실 등이 그것이다.

'오늘'은 순간, 찰나, 잠깐, 금세 등의 아주 짧은 시간을 나타낼 때도 있고, 지금을 중심으로 한 기간, 한 시대 또는 지금의 시대상황을 말하기도 한다. 하지만 '오늘'은 현재 내가 이 세상에 존재하는 시간이다. 그래서 오늘이 중요하다.

러시아 출신으로 미국에서 활동했던 세계적인 작곡가이자 지휘자였던 이고르 스트라빈스키Igor Stravinsky는, 사람은 현재 속에 있다. 누구도 내일이 무엇을 가져다줄지 알지 못한다. 다만 우리가 알 수 있는 진실이란 그저 오늘이 있다는 사실뿐이라고 했다. 그러면서 오늘을 어떻게 보내느냐가 중요하다고 강조했다.

그러면 오늘을 어떻게 충실하고 만족스럽게 보낼 수 있을까?

하루를 보낸다는 것은 시간을 흘려보내는 것이다. 하루는 누구에게나 똑같이 24시간이다. 하지만 어떤 사람은 하루가 짧게 느껴지고, 또 어떤 사람은 지루하게 느껴진다. 그런 시간감각이 이어져서 어떤 사람은 세월이 빨리 느껴지고 어떤 사람은 느리게 느껴진다.

도대체 왜 그럴까?

똑같은 24시간이 사람마다 왜 그처럼 다르게 느껴지는 걸까? 바로 '시간 관리'에 달려 있다. 일찍이 독일 철학자 쇼펜하우어는, 평범한 사람은 시간을 어떻게 소비할까 생각하지만, 현명한 사람은 시간을 어떻게 사용할까 궁리한다고 했다.

그렇다. 시간을 억지로 소비하려고 하면 좀처럼 시간이 가지 않는다. 하지만 자기 스스로 계획을 세워 시간을 효율적으로 사용하면 시간이 빨리 간다. 시간을 주도적으로 관리해야 한다.

'시간 관리Time Management'는 경제나 경영학에서도 기업의 효율적이고 합리적인 운영과 생산성 향상을 위해 매우 중요시하는 경영원칙이 되고 있다. 우리의 삶도 시간 관리를 어떻게 하느냐에 따라 달라진다.

누구에게나 주어진 시간은 똑같지만 어떤 사람은 일생동안 많은 업적을 남기고, 성공하고 행복을 누린다. 반면에 자신의 흔적도 남기지 못하고 일생을 평범하게 끝내는 사람들도 많다. 시간 관리를 못하고 의미 없이 흘려보낸 탓이다. 시간을 관리하지 못하면 열심히 일해도 가시적인 성과가 나타나지 않는다. 또한 하루하루가 지루하거나 스트레스를 받게 되게 돼 올바른 선택과 결정이 어렵다. 그리하여 삶의 균형을 잃고 더욱 시간을 헛되이 보내면서 후회와 좌절감에 빠진다.

그렇다면 자신에게 주어진 오늘의 시간을 어떻게 관리해야 할까?

그에 대한 전문가들의 많은 조언들이 있다. 간추려 보면 대략 다음과 같은 것들이다.

1. 미리 활동계획을 세워라.

매일 아침 오늘 할 일들에 대한 계획을 세우고 리스트를 작성하라는 것이다. 아울러 지속적으로 진행시켜 나가는 일이 있다면 그것도 리스트에서 빠트리지 말아야 한다. 기록을 해 놓아야 잊지 않고 관심을 가질 수 있으며 진행을 이어갈 수 있다.

2. 불필요한 것은 과감하게 버려라.

그와 같이 오늘 할 일에 대한 리스트를 만들다 보면 주어진 시간은 제한적인데 해야 할 일이 많을 수 있다. 다시 한 번 점검하고 크게 중요하지 않은 것은 과감하게 버리는 용기가 필요하다.

세상을 떠난 애플의 스티브 잡스, 또 페이스북의 저커버그를 보라. 그들이 신제품, 신기술 등을 프레젠테이션 할 때의 모습은 일상적인 캐주얼 복장이다. 스티브 잡스는 목이 긴 검은 색 터틀 셔츠에 허름한 청바지를 입고 있으며 저커버그도 반팔 티셔츠에 청바지 차림이다. 항상 똑같아서 그들의 트레이드마크가 되고 있다.

세계 최고의 억만장자들이 많은 사람들 앞에 왜 그런 특색 없는 간편한 차림으로 서는 걸까? 혹시 정중하지 못하고 예의에 벗어나는 행동은 아닐까?

그렇지 않다. 무례한 행동이 아니다. 그 발표회에서 중요한 것은 신제품이나 신기술의 새로운 성능과 장점을 정확하게 알리는 것이다. 그러자면 듣는 사람들이 발표자의 의상 따위에 관심을 보여 집중력이 흩어지면 안 된다. 그들의 평범한 의상, 그것도 하나의 마케팅이다. 불필요한 것을 과감하게 버린다.

3. 중요한 일을 먼저 하라.

반드시 오늘 해야 할 일들에 대해 순서를 정하고 그에 따라 효과적으로 시간을 배분해야 한다. 처리해야 할 시간이 정해져 있는 것이 아니라면, 자신의 판단으로 꼭 처리할 중요한 일을 먼저 해야 한다. 오늘, 다른 계획은 실천하지 못하더라도 중요한 일을 처리하고 나면 마음이 편안하다.

4. 한 번에 한 가지씩 하라.

너무 욕심을 부려서는 안 된다. 의욕이 넘쳐도 한꺼번에 여러 가지 일을 처리하려면 일의 완성도가 떨어진다. 집중력을 가지고 한 가지라도 제대로 처리해야 한다. 순서에 따라 한 가지 일에 집중하라는 것이다. 한 가지 일이 제대로 끝나면 그 다음 일로 넘어가야 한다.

5. 약속을 지켜라.

약속은 대개 나 혼자가 아니라 다른 사람과의 관계다. 내가 약속을 지키지 않으면 상대방은 피해를 입는다. 공연히 시간을 낭비했거나 추진하는 일에 차질이 생겨 피해가 불가피하다. 지키지 못할 약속은 하지 말고, 약속했다면 반드시 지켜야 한다.

6. 오늘을 잘 마무리하라.

우리가 하는 일도 그렇다. 시작과 끝이 분명해야 한다. 하루의 일과도 그렇다. 작업을 하다가 오늘 일을 끝내야 할 시간이 됐다면 현장을 깨끗하게 정리 정돈해야 하고, 오늘의 업무를 끝낼 때 진행된 부분까지 깔끔하게 정리를 해 놓아야 다음 날, 산뜻하게 다시 시작한다. 하루를 잘 마무리하면 마음이 홀가분하다.

예로부터 사람은 맺고 끊는 것이 분명해야 한다고 했다. 판매되는 제품도 마감질이 잘 돼 있어야 제값을 받는다. 모든 일, 모든 관계가 흐지부지하면 좋은 평가를 받을 수 없다.

'시간 관리'는 자신이 시간을 지배하는 것이다. 독일의 지휘자 겸 연주자인 크리스토프 에센바흐는, 시간을 지배할 줄 아는 사람이 인생을 지배할 줄 아는 사람이라고 했다.

시간을 지배하며 자신의 오늘을 이끌어 가는 삶. 그리하여 오늘이 만족스럽고 행복하고 그것이 하루하루 이어지면 인생이 행복하다. 그것이 '오늘만 행복하자'는 이유이며 오늘에 충실하자는 이유이다.

미국의 어느 시인은 시간에 충실한 것, 그것이 행복이라고 했다. 자신의 시간을 제대로 관리하지 못해, 오늘을 지루하게 보내고 헛되이 시간을 낭비하는 일이 없어야 한다.

카르페 디엠 -
지금 이 순간을 즐겨라

앞에서 간략한 설명이 있었지만 '카르페 디엠Carpe Diem'은 고대 로마 시인이었던 호라티우스Horatius가 남긴 시, 〈카르페 디엠〉에서 나온 말이다. 라틴어로 Carpe는 '잡다, 붙잡다'라는 말이며 Diem은 영어의 Day와 같은 뜻이다.

직역을 하면 '오늘을 잡아라'라고 할 수 있으며 '오늘을 즐겨라' '오늘에 충실하라' '지금 이 순간을 즐겨라' '오늘을 놓치지 마라' 등으로 사용된다. 호라티우스의 시 〈카르페 디엠〉의 뒷부분은 이러하다.

짧기만 한 인생에서 먼 희망을 접어라.
우리가 이렇게 말하고 있는 동안에도
시간은 우리를 시샘하며 흘러가 버리니,
내일을 믿지 마라.
카르페 디엠! 오늘을 즐겨라.

'카르페 디엠'이 우리에게 잘 알려진 것은 〈죽은 시인의 사회〉를 통해서였다. H. 클라인바움H. Kleinbaum의 소설도 나와 있지만 감동적이었던 영화를 통해 더 널리 알려졌다.

잘 아다시피 〈죽은 시인의 사회〉의 내용은 우리의 입시 위주 주입식 교육과 너무나 흡사하다. 학생들을 오직 일류대, 명문대에 진학시키는 것을 목표로 자유를 억압하며 엄격한 규율로 통제하는 전통 깊은 명문 고등학교에 새 학기를 맞아 영문학 교사 키팅이 새로 부임한다.

그는 수업 첫 시간부터 'Carpe Diem! Seize day!'를 외치며 학생들에게 충격적인 새바람을 일으킨다. 입시교육에 매달려 있는 그들에게 '지금 이 순간을 즐겨라! 오늘을 붙잡아라!'를 외친다.

지금 이 순간을 즐기라고 해서, 무턱대고 놀거나 자기 멋대로 여흥을 즐기라는 얘기가 아니다. 특히 정체성을 키워야 할 청소년으로서 자기가 진정으로 원하는 것, 하고 싶은 것을 하며 참다운 꿈과 희망을 가꿔나가고, 자기계발과 인성人性을 키우라는 것이다.

타의에 의한 교육으로 자신의 정체성과 인간성을 잃고 단지 사회의 도구道具가 되어버린다면 과연 행복할 수 있을까? 일류대학에 들어갔다고 해서 성공하는 것은 아니다. 성공했다고 해서, 행복을 담보하는 것은 아니다.

키팅도 이 명문 고등학교 출신이다. 그는 이 학교 졸업생들의 낡은 앨범을 펼쳐 사진들을 가리키며 존재도 없이 사라진 선배들을 지적한다. 타의적 삶이 얼마나 허망한가를 말하는 것이다.

"내일을 믿지 마라. 카르페 디엠! 오늘을 즐겨라."

호라티우스가 오늘, 이 순간을 즐기라고 한 것은 오늘을 소중하게 생각하고 진정한 자신의 삶, 자신을 위한 삶에 충실하라는 것이다. 그래서 그는 현재를 잡아야 하고, 될 수 있는 대로 내일이란 말은 최소한만 믿어야 한다고 했다.

미국의 저명한 작가이자 컨설턴트인 존 블룸버그John G. Blumberg가 소설 형식으로 쓴 〈카르페 디엠〉이라는 책이 있다. 블룸버그는 이 책머리에서 다음과 같이 얘기하고 있다.

"우리에게 왜 걱정과 근심, 불안과 두려움이 생겨나는가? 이유는 간단하다. 행복해지기 위해서다. 당신은 좀 더 만족스런 삶, 좀 더 행복한 삶을 꿈꾸는 댓가로 걱정과 근심, 불안과 두려움을 얻었다. 이 같은 고민들을 하나하나 제거해 나감으로써 궁극적인 행복에 이를 수 있다고 당신은 믿는다. 하지만 행복이란 기대했던 시간에, 기대했던 모습으로 당신 삶의 문을 두드리지 않는다. 따라서 당신은 어제도 견뎠고, 오늘도 참았으며, 내일도 기다리는 삶을 반복해 나갈 뿐이다."

무엇이 문제일까? 그는 내일 행복해지기 위해 살지 말고 오늘을 행복하게 살아야 한다고 했다. 오늘을 행복하게 살겠다고 결심하는 순간, 스스로 놀랍고 충만한 경험을 할 것이라고 했다.

즉 걱정과 근심, 불안과 두려움을 껴안기보다는 그것들과 싸울 수 있는 힘을 얻게 될 것이라고 했다. 그 힘을 통해 걱정과 고민에 파묻혀 보이지 않았던, 이미 자신을 찾아 온 행복을 발견해 낼 수 있을 것이라고 했다. 그리고 다음과 같이 강조했다.

다시 한 번 주위를 둘러 보라.
지금 이 순간, 무엇이 보이고 들리는가?
지금 이 순간, 당신의 삶에 충실하라.
모든 것을 기꺼이 누려라.
과거를 후회하지 말고 내일을 두려워 마라.
오늘을 만끽하라.
카르페 디엠!

거듭 말하지만, 행복은 무작정 기다리면 저절로 오는 것이 아니다. 자신의 행복은 당신 자신이 만든다. 그럼 언제 행복을 만들 것인가?

오늘 당장 만들어야 한다. 그래서 '지금, 이 순간을 즐겨라' '오늘에 충실하자'라고 한다. 지금 이 순간을 즐기고 오늘에 충실하면 지금, 이 순간 행복을 느끼게 된다.

이 순간을 놓치지 말아야 한다. 일찍이 고대 그리스의 시인 소포클레스가 말했다.

"내가 헛되이 보낸 오늘 하루는 어제 죽어간 이들이 그토록 바라던 하루이다. 단 하루면 인간적인 모든 것을 멸망시킬 수 있고 다시 소생시킬 수도 있다."

나의 오늘은 얼마나 소중한 오늘인가? 내가 살아 있으며 얼마나 가슴 설레고 행복한 오늘인가?

카르페 디엠!

내일 지구의 종말이 오더라도 사과나무를?

"내일 지구의 종말이 오더라도 나는 오늘 한 그루의 사과나무를 심겠다."

누구나 한 번 쯤은 들어봤을 것이다. 이 명언은 17세기 네델란드의 철학자였던 스피노자Benedict de Spinoza가 남겼던 것으로 우리에게 알려져 있다.

하지만 그와 다른 주장도 만만치 않다. 스피노자보다 훨씬 앞서 16세기 독일의 종교 개혁가였던 마틴 루터Martin Luther가 남긴 말이라는 주장이다. 마틴 루터가 머물던 집 앞에 "그리고 내일 세상이 멸망함을 알지라도 나는 오늘 사과나무를 심겠다."라는 문구가 쓰여 있었다는 것이다. 뿐만 아니라 그 곳에는 실제로 사과나무가 있었다고 한다.

그러나 우리에겐 그 말을 누가 했느냐가 중요하지 않다.

'내일 지구의 종말이 오더라도'를 다른 말로 바꾸면 '내일 내가 죽는다고 하더라도'와 같은 의미가 될 것이다. 내일이면 이 세상을 떠나 영원히 사라질 사람이 오늘 사과나무를 심겠다면 의아한 일이 아닌가.

그에 대해 두 가지로 생각해 볼 수 있다.

하나는 미래에 대한 희망이다. '사과나무'는 알맞은 기후와 날씨에서 잎이 자라고 꽃이 피고, 사과라는 열매를 맺는다. 말하자면 사과나무는 희망과 미래를 상징한다.

내일 죽는다는 것이 확실하다면 미래가 있을 수 없다. 그런데 다행스럽게도 우리는 자신이 언제 죽을지 모른다. 죽음은 죽는 날까지 막연한 그림자일 뿐이다. 그리하여 우리는 다가 올 미래에는 자신의 인생에 꽃이 피고 열매가 맺는 날이 올 것으로 기대하며 살아간다. 그 때문에 오늘이 아무리 힘들어도 견딜 수 있다고 생각한다.

종교도 그러한 인간심리에서 탄생했다. 조금 속되게 표현하자면 종교는 '희망'을 파는 것이다. 초월적인 신神을 믿고 의지하면 전지전능한 신이 우리에게 아주 좋은 앞날을 가져다 줄 것으로 기대하게 하는 것이 종교다.

신은 형체를 알 수 없고 너무 막연하니까 '구세주救世主'를 내세운다.

언젠가 나타날 구세주를 믿고 오늘의 고난과 시련을 견뎌나가게 하는 것이 종교다. 사이비 종교는 좀 더 확실하게 사이비 교주가 왕림한 구세주 행세하며 영원히 죽지 않는 영생永生을 주장한다.

마틴 루터는 '얼마 후, 성장하여 새로운 씨앗을 얻을 수 있다는 희망이 없다면 농부는 밭에 씨를 뿌리지 않을 것이다. 아이가 태어난다는 희망이 없으면 젊은이는 결혼을 하지 않을 것이다. 이익을 얻게 된다는 희망이 없으면 장사꾼은 장사를 할 수 없다.'고 했다.

마틴 루터가 이처럼 '희망'을 강조한 것을 보면 내일 지구의 종말이 오더라도 나는 오늘 한 그루의 사과나무를 심겠다고 말한 사람은 스피노자가 아니라 마틴 루터가 맞을지도 모른다.

또 하나는 '오늘의 중요성'을 강조했다고 볼 수 있다.

스피노자는 합리주의 철학자다. 합리주의合理主義는 본능이나 감정, 감각, 우연 등의 비합리적인 것을 배제하고 이성적이고 필연적인 것을 존중하고 추구하는 생활태도나 사고방식을 말한다. 그래서 이성주의라고도 한다.

그에 따라 스피노자는 필연적인 자연의 섭리를 인식하고, 모든 만물은 저마다 존재이유와 가치가 있다고 생각했다. 따라서 그 존재가치에 충실한 삶을 살아야 한다고 생각했다. 현실적으로 인간의 존재가치는 '오늘'에 있다. 그러므로 오늘에 충실한 것이 인성人性이며 인간의 도리라고 생각하고 실천했다.

다만, 스피노자는 사람들이 부귀, 명성, 쾌락에 너무 집착하기 때문에 다른 좋은 것을 거의 생각하지 못한다고 걱정했다. 오늘에 충실하되 본능적인 욕구와 헛된 욕망은 버려야 한다는 것이다. 튼실한 사과나무, 품질 좋은 사과나무를 심어야 한다.

그렇게 보면 '오늘 한 그루의 사과나무를 심겠다.'고 말한 것이 스피노자가 맞을 수도 있다. 아니면 마틴 루터가 먼저 말했지만 후대의 스피노자가 자기 말처럼 옮겼든지, 스피노자의 사상에 어울리는 말이기 때문에 후세 사람들이 그 말을 스피노자가 했다고 주장할 수도 있다.

어쨌거나 내일이 있든 없든, 내일도 내가 이 세상에 살아 있든, 오늘이 내 인생의 마지막 날이든, 그런 것을 의식하지 않고, 자신이 필연적으로 존재하는 '오늘'에 충실하고 최선을 다해야 하는 것이 인간이다.

내일은 어찌될지 아무도 모른다. 스스로 결정할 수 있는 것은 오늘을 어떻게 사느냐다. 그것이 합리적이고 이성적인 판단이다. 15세기 독일 사상가였던 토머스 아 켐피스Thomas a Kempis는,

"지금이야말로 일할 때다. 지금이야말로 싸울 때다. 지금이야말로 자신을 더 훌륭한 사람으로 만들 때다. 오늘 그것을 못하면 내일 그것을 할 수 있겠는가?"

라는 말을 남겼다.

각종 시험을 준비하는 젊은이들은 자신이 합격할지 불합격될지 알지

못하고 오늘도 시험공부에 매진한다. 대학입학을 준비하는 학생들은 말할 것도 없다. 그들은 누구도 자신이 원하는 대학에 합격할 수 있다고 장담하지 못한다. 장사하는 사람들도 오늘 상품을 많이 팔아 기대이상의 이익을 남기도록 최선을 다한다.

직장인들은 자신의 직장이 갑작스런 구조조정으로 내일 해고당할지도 모른다. 그렇더라도 오늘 자신이 맡은 업무에 최선을 다하는 것이 책임이며 도리다. 그것이 자신의 존재이유, 존재가치이다.

과거는 잊어버리고 내일을 기대하지 말아야 한다.

"구하라 그러면 너희에게 주실 것이요,
찾으라 그러면 찾을 것이요,
문을 두드리라 그러면 너희에게 열릴 것이니."

오늘 당장 구하고, 찾고, 두드려라. 오직 오늘에 충실하며 사과나무를 심는다면 반드시 꽃이 피고 마침내 사과처럼 달콤한 열매를 가져다 줄 것이다.

생일 잘 먹으려고 사흘 굶을까요?

옛말 틀린 것이 없다.

'생일 잘 먹으려고 사흘 굶는다'는 속담이 있다. 생일 또는 명절에 잘 먹으려고 며칠을 굶는다면 얼마나 어리석고 부질없는 짓인가. 하지만 그런 사람들이 많았기 때문에 속담까지 나왔고 오래도록 공감을 얻는다. 그럼 왜 생일을 잘 먹으려고 며칠씩 굶었을까?

먼 옛날부터 대부분의 우리 조상들은 무척 가난하게 살았다. 끼니를 거르기 일쑤였으니 먹거리, 음식의 질質을 따질 일이 아니었다. 무엇을 먹든 배를 채울 수 있으면 만족했다. 그런 형편에서 그래도 명절이나 가족의 생일에는 음식이 달랐다. 어머니가 조금씩 비축해 뒀던 재료로 특별한 음식을 장만한다.

운이 좋으면 쌀밥에 고깃국을 먹을 수 있었고, 어머니가 요리한 음식과 떡, 부침개 따위도 먹을 수 있었다. 어른도 그렇지만 특히 아이들에게는 꿈같은 날이었다. 그렇게 맛있고 좋은 음식을 원 없이 많이 먹고 싶었다. 그러자면 사흘쯤 굶어서 위장을 비워 놓아야 했다.

생일이나 명절이 되면 정말 많이 먹었다. 무리하게 음식을 마구 입에 넣었다. 그러다가 결국 배탈이 나서 번질나게 화장실을 드나들어야 했다. 그래서 명절(생일)날 화장실 문짝 떨어진다는 속담까지 나왔다.

가난은 우리 민족의 한恨이었으며 민족의 DNA가 됐다. 따라서 부자가 되는 것이 꿈이었고, 부자만 되면 행복하게 살 수 있다고 믿었다. 당연히 돈이 최고의 가치가 됐다. 가난에서 벗어나 흙수저가 금수저로 신분상승하기 위해서는 돈을 많이 벌어야 했다.

많은 우리 국민들이 돈에 집착했다. 자기가 돈을 벌 형편이 못되면 자녀들에게 기대를 걸었다. 그리하여 논밭을 팔고 농사지으려면 없어서는 안 될 소까지 팔아가며 자녀들의 공부를 뒷바라지했다.

몇 십 년 전만 해도 자녀가 대학만 나오면 성공해서 돈을 잘 벌 것으로 믿었다. 그러니 부모들은 그야말로 '생일 잘 먹으려고 사흘 굶는' 심정으로 두 번 다시 올 수 없는 오늘을 희생시켰다.

비교적 잘 살게 된 오늘날도 돈에 대한 집착은 변함이 없어 황금만능주의를 가져온다. 돈과 물질은 가지면 가질수록 더 많이 갖고 싶은 탐욕을 부른다. 황금만능주의는 어떻게 해서든 돈만 벌면 된다는 그릇된 사고방식을 갖게 한다.

돈만 많으면 신분이 상승된다는 그릇된 가치관을 갖게 한 황금만능주의는 우리 사회의 갈등을 야기하는 병폐가 된다. 오히려 아무 것도 갖지 않고 탐욕이 없어서 마음이 편안한 사람이 더 행복할 수 있다.

그러나 돈만 벌면 가난에서 벗어날 수 있다는 기대감, 자녀들이 성공해서 자기보다 더 잘되기 바라는 부모의 기대감, 내일이 오늘보다 나을 것이라는 기대감 등을 긍정적으로 보자면 꿈과 희망, 목표와 같다.

꿈과 희망을 갖고 그것을 실현시키려는 것은 우리 인간만의 특성이다.

약 6만 년 전, 우리 인류는 그들이 기원한 아프리카를 떠나 과감하게 이동을 시작했다. 풍족한 먹거리를 찾으려는 희망이 그들을 아프리카에서 떠나게 한 것이다. 호모 사피엔스로 불리는 그들은 더러는 서북쪽으로 갔지만 대다수는 해가 뜨는 동쪽, 혹은 동북쪽으로 끊임없이 이동했다.

그들은 배고픔과 추위를 견디며 중앙아시아, 시베리아를 거치고, 얼음으로 뒤덮인 베링 해를 건너 북아메리카, 남아메리카 끝까지 진출했다. 일부는 동남아시아의 해안을 따라 이동해서 호주까지 진출했다. 먹거리를 찾을 수 있다는 희망이 없었으면 그들은 온갖 악조건과 고난을 견디지 못하고 좌절했을 것이다.

앞서 간 수많은 사람들이 '꿈과 희망을 가져라' '큰 꿈을 가져야 큰 사람이 된다'고 입을 모아 말했으며, 꿈과 희망을 이루기 위해 오늘의 모든 시련과 고난을 이겨내야 한다고 용기를 북돋았다. 그것이 오늘을 사는 우리들의 교훈이 되고, 인생의 길잡이가 됐다.

결코 틀린 말이 아니다. 인간이라면 꿈과 희망이 있어야 한다. 우리에게 꿈과 희망이 없다면 넓은 바다에 떠 있는 조각배와 같다. 목표 없이 바다에 떠 있는 조각배는 표류할 수밖에 없듯이, 우리에게 꿈과 희망이 없다면 자신의 인생이 어떻게, 어디로 흘러갈지 모른다.

꿈과 희망을 이루면 성공하는 것이고, 성공하면 행복할 수 있다고 믿는다. 그런데 꿈과 희망은 멀든, 가깝든 미래를 전제로 한다. 꿈과 희망, 행복은 모두 미래에 얻을 수 있는 것인데 그것을 믿으며 시련과 고난을 감수하며 오늘을 희생한다. 바꿔 말하면 생일 잘 먹으려고 사흘을 굶는다.

조금 단순하게 생각해 보자.
확실한 보장도 없는 미래가 아니라,
당장 오늘이 행복하다면 얼마나 좋을까?

고대 그리스 철학자 디오게네스Diogenes와 알렉산더 대왕의 일화는 널리 알려져 있다. 디오게네스는 금욕주의자였으며 행복에 필요한 모든 것을 자신의 내부에서 찾는 능력을 지녀야 한다는 '자족自足'을 주장했다. 그는 스스로 그것을 실천하며 집도 없이 길가에 놓여 있는 통속에서 생활했다. 가진 것이 아무 것도 없었지만 행복한 나날을 보냈다.

어느 날 마케도니아의 그 유명한 알렉산더 대왕이 인도 원정을 가는 길에, 우연히 소문으로 듣던 디오게네스를 찾아갔다. 디오게네스는 마침 통속에서 나와 일광욕을 즐기는 중이었다.

그런 모습을 바라 본 알렉산더는 은근히 감동을 느꼈다. 디오게네스는 남루하고 초라했지만 얼굴에는 광채가 감돌아 아름다워 보였고, 행복이 넘치는 모습이었기 때문이다.

알렉산더 대왕이 많은 병사들이 거느리고 나타나자 사람들이 술렁거리고 있었지만 디오게네스는 조금도 동요하지 않고 여전히 일광욕을 즐겼다. 알렉산더가 그에게 다가갔다. 이 세상에서 가장 많이 가진 자와 가장 적게 가진 자의 만남이었다.

"선생, 난 당신에게 난생 처음 감동을 받았소."

알렉산더 대왕은 디오게네스에게 경칭을 사용했다.

"선생을 위해 무엇인가 해 드리고 싶소. 무엇을 해 드리면 좋겠소? 원하는 것이 있으면 말해 보시오."

그런데 디오게네스의 대답이 뜻밖이었다.

"조금만 비켜주실 수 있겠소? 햇빛을 막지 말았으면 좋겠소."

아무 것도 가진 것이 없는 디오게네스가 모든 것을 가진 알렉산더 대왕보다 더 행복한지 모른다. 디오게네스는 아무 것도 가진 것이 없는 자신의 삶에 만족하고 행복을 느꼈지만, 알렉산더의 정복욕은 끝이 없었다.

그것은 탐욕이었다. 알렉산더는 마침내 인도를 정복했지만 머나 먼 원정에 지친 병사들의 이탈과 사기저하 등으로 그 다음 목표인 페르시아 정복을 감행하기 어려웠다. 거기다가 병까지 얻어 32세의 한창 나이에 죽고 말았다.

알렉산더 대왕은 끝없는 탐욕의 화신이었다. 하지만 그 탐욕을 채우지 못하고 젊은 나이에 원정길에서 세상을 떠났다. 디오게네스와 알렉산더 대왕, 아무 것도 갖지 못한 자와 모든 것을 가진 자, 과연 누가 더 행복한 삶을 살았을까?

우리는 꿈과 희망이라고 말하지만, 사실 막연한 기대감과 탐욕 때문에 오늘이 행복하지 못하다. 꿈과 희망이 탐욕이 되어서는 안 된다. 그러면 영원히 자신이 바라는 꿈과 희망을 이룰 수 없고 행복을 얻을 수 없다.

자신의 오늘이 행복하고, 그러한 '오늘'이 꾸준히 이어져 나간다면 인생이 행복하다. 돈이 많다고 행복한 것도 아니며 성공했다고 반드시 행복한 것도 아니다. 행복에는 객관적인 척도가 있을 수 없다. 자기 자신에게 달린 것이다. 스스로 오늘이 행복하다면 행복한 것이다.

오늘이 내 인생의 마지막 날인 것처럼

누구에게나 자기 인생의 마지막 날이 있을 것이다. 그 날이 언제인지 모를 뿐이다. 다만 노인들은 그 날이 가까이 다가오고 있음을 느끼며 자신의 죽음을 의식한다. 아직 살아 있을 날이 많이 남은 젊은 이들은 자신에게는 마지막 날이 영원히 없을 것처럼 살아간다.

하지만 만일 내일이 내 인생의 마지막 날이라면? 아니, 당장 오늘이 마지막 날이라면 당신은 무엇을 할 것인가? 죽음에 대한 두려움 속에서 마지막 순간을 기다릴 것인가? 아니면 무엇인가를 하고 있을 것인가?

선뜻 대답하기가 쉽지 않다. 눈을 감고 생각해 봐도 오늘이 내 인생의 마지막 날이라면 아무 것도 손에 잡히지 않을 것이다. 그렇다면 멍하니 앉아서 마지막 시간을 기다릴 것인가?

저마다 다르겠지만, 어떤 사람은 자신이 살아 온 인생을 회상하고, 또 어떤 사람은 남은 가족들을 걱정하며 여러 정리 방안들을 얘기하거나 유언을 남길 것이다. 그런가 하면 자기 인생이 끝나는 것을 아쉬워하거나 왜 오늘이 마지막 날이냐고 반발할지도 모른다.

아마 마지막 순간을 맞아 자신이 살아 온 인생에 아무런 후회가 없거나 별다른 미련 없이 홀가분하다면 그 사람은 행복한 인생을 산 사람이다. 또한 마지막 순간을 앞에 두고도 담담하게 자신이 지금까지 해 오던 일을 계속하는 사람도 후회 없는 행복한 인생을 살았을 것이다.

물론 '오늘이 내 인생의 마지막 날이라면'은 가정이다. 나이 많은 노인이거나 암과 같은 치명적인 질병으로 시한부 삶을 살고 있는 사람이 아니라면 그런 가정이 절박하지 않다. 살아야 할 날이 훨씬 더 많은 젊은이들은 더욱 그렇다.

'오늘이 내 인생의 마지막 날인 것처럼'
과연 우리가 '무엇을 하며 어떻게 살 것인가'를
생각한다면 이 가정假定은 큰 의미가 있다.

정말 오늘이 자신의 마지막 날이라면 누구나 진지하고 엄숙해질 것이다. 하지만 지금까지 해 온 일이 자신에게 만족스러웠다면 마음이 한결 편할 것이다. 만일 그렇지 못하고 생존을 위해 내 뜻이 아니라 이끌려가는 삶을 살았다면 회한에 싸여 슬픔이 밀려 올 것이다. 그렇다면 후회 없는 삶, 만족스런 삶, 행복한 삶을 살려면 어찌해야 할까?

스티브 잡스Steve Jobs는 대학을 한 학기만 다니다가 중퇴하고 자기 집의 차고에서 '애플'을 창업했다. 단돈 1천 달러가 자본금이었으며 자기보다 다섯 살 위의 컴퓨터 천재 스티브 워즈니악Steve Wozniak과 함께 창업한 것이다.

2005년 12월, 학력이라고는 오리건주 포트랜드의 리드 칼리지를 한 학기 다닌 것이 전부인 스티브 잡스가 미국 최고의 명문대학 가운데 하나로 손꼽히는 스탠퍼드 대학 졸업식에 초청을 받아 졸업생들을 대상으로 축사를 했다.

"내가 17세 때 읽은 '하루하루를 인생의 마지막 날처럼 산다면 언젠가 바른 길에 서 있을 것이다'라는 경구에 감동받아 50세가 되도록 매일 아침 거울을 보며 스스로 물었습니다. '오늘이 내 인생의 마지막 날이라면, 지금 하려는 일을 할 것인가?' 만일 '아니오'라는 답이 계속 나온다면 다른 것을 해야 한다는 걸 깨달았습니다."

자기가 하고 싶은 일, 원하는 일을 해야 즐겁고 행복하다. 억지로 마지못해 하고 싶지 않은 일을 해 왔다면 인생의 마지막 날처럼 절박한 순간에는 후회가 밀려든다. 자기 인생의 마지막 순간에도 후회하지 않을 수 있는 일을 해야 행복하다.

현대그룹의 고 정주영 회장은 평생 자신이 원하는 일, 하고 싶은 일을 했던 사람이다. 그래서 그는 하루하루가 즐겁고 가슴이 설렜다.

"내가 평생을 새벽 일찍 일어나는 것은 그날 할 일 생각에 기대와 흥분으로 설레기 때문이다. 나의 아침은 언제나 초등학교 소풍날 아침과 같다. 밤에는 늘 숙면할 준비를 하고 잠자리에 든다. 날이 밝으면 즐겁고 힘차게 일해야겠다는 생각에서다."

라고 말했다.

살아 있는 '오늘'을 그렇게 살아야 후회가 없다. 오늘을 시작하면서 기대와 흥분으로 설레지 않는다면 마지못해 하는 일, 지겹고 따분한 일, 마음에 없고 애착이 가지 않는 일을 억지로 하는 것이다. 그런 사람은 날이 갈수록 스트레스가 쌓이고 고통스럽다.

우리는 주말이나 휴일을 무척 좋아한다. 학생들은 휴일뿐 아니라 소풍, 수학여행, 방학을 맞으면 즐거워한다. 왜 그럴까?

휴일이 즐거운 것은 지겨운 일상에서 잠시 벗어나 쉴 수 있어서다. 그래서 휴일을 '노는 날'이라고 한다. 그런데 여기서 한 가지가 알아야 할 것이 있다. '노는 날'이란 일하는 것을 전제로 한다. 하는 일이 없어 매일 노는 사람은 특별히 노는 날이 있을 수 없다. 일하는 사람이나 공부하는 학생이 잠시 쉬는 것이 '노는 날'이다.

자기가 하고 싶은 일을 하는 사람은 노는 날에 즐겁게 휴식을 취하고 다시 즐겁게 일을 시작한다. 하지만 좋아하지 않는 일을 억지로 하는 사람은 노는 날에 잠시 해방감을 느끼지만 즐겁지 않다. 노는 날이 지나가면 다시 또 억지로 일을 해야 한다는 스트레스 때문에 마음이 무겁다.

스티브 잡스처럼 생각해 보라. 오늘이 내 인생의 마지막 날이라도 지금 하는 일을 할 것인가? 역시 스티브 잡스처럼 '아니다'라는 결론이 나오면 서둘러 바꾸는 것이 좋다.

자기가 원하는 것을 해야 즐겁다.
즐거운 '오늘'이 이어지면 그것이 곧 행복이다.
지금 하는 일이 '노는 것'만큼 즐겁다면 인생이 즐겁다.

에디슨은 '나는 평생 단 하루도 일을 한 적이 없다. 매일 재미있게 놀았다.'고 했다. 바로 그것이다. 자기가 하는 일이 얼마나 즐거웠으면 노는 것 같았을까. 자기가 하는 일이 즐거워야 하고 또 즐겨야 한다.

미국의 동기부여 전문가인 앤드류스 매튜스는 그의 저서 〈즐겨야 이긴다〉(Being Happy!)〉에서 '천재는 노력하는 사람을 이길 수 없고, 노력하는 사람은 좋아하는 사람을 이길 수 없으며, 좋아하는 사람은 즐기는 사람을 이길 수 없다.'고 했다.

인생은 결코 길지 않다. 장수시대를 맞아 100년을 산다고 해도, 실제로 일할 수 있는 시간은 3, 40년에 불과하다. 그 짧은 세월을 생존만을 위해 일한다면 억울하다.

원하는 일을 해야 노는 것처럼 즐겁다. 오늘이 즐거움으로 충만하다. 단 하루를 살아도 그렇게 살아야 하지 않을까?

"백 년을 살 것처럼 일하고, 내일 죽을 것처럼 기도하라."

미국의 벤자민 프랭클린Benjamin Franklin은 조지 워싱턴 등과 함께 미국 '건국의 아버지'로 손꼽힌다. 미국 달러화 100달러짜리 지폐에 그의 초상이 나올 정도다. 그가 남긴 말이다.

오늘 당장 죽더라도 앞으로 백 년은 더 살 것처럼 즐겁게 일하라.

오늘이
가장 행복한 날이지
말입니다

"행복하게 살고 싶다."

모든 사람들의 꿈이다. 행복 추구는 삶의 목표이자 살아가는 이유다. 그런데 우리 국민들은 대다수가 행복하지 못한 것으로 나타난다. 행복하게 살려고 최선을 다하는데 왜 행복하지 못할까?

여러 가지 이유가 있겠지만, 크게 나누어 사회적 이유와 개인적 이유가 있을 것이다.

사회적 이유는 외부적인 요인이다. '태평성대'라고 하듯이, 나라가 잘되고 사회가 건강하고 경제를 비롯한 갖가지 제도와 질서 등이 긍정적으로 발전함으로써 국민들의 생활이 안정되고 모두 꿈과 희망을 키워 나갈 수 있으면 행복할 것이다. 그런 시대가 태평성대다.

그러나 지금의 현실은 그렇지 못하다.

나라가 어지럽고 경제 불황이 오래도록 지속되며 좀처럼 개선될 기미를 보이지 않는다. 미래조차 불확실해서 젊은이들은 불안해한다. 우리 사회는 온갖 갈등과 대립으로 혼란이 끊이지 않는다. 온갖 사회적 갈등이 증폭된다. 치열한 경쟁사회는 젊은이들의 심각한 취업난뿐 아니라, 학생들조차 입시 위주의 교육에서 오는 성적 경쟁으로 큰 고통을 겪는다. 온갖 갈등에 휩싸인 사회에서는 분노가 팽배해서 각종 범죄가 크게 늘어난다. 분노를 표출하지 않으면 심한 스트레스에 시달리고 우울감에 빠진다. 꿈을 좌절시키고 미래를 기대할 수 없는 사회에서는 비합리적인 행태가 판을 친다. 이러한 사회에서 국민들이 행복하기는 정말 어렵다.

행복하지 못한 개인적 이유는 내부적 요인이다.

그 근본적 원인은 사회에 있더라도 우리들 행복은 그것을 추구하는 개인에 달려 있다. 일반적으로 생각하는 행복의 요소를 살펴보면 돈, 건강, 화목한 가정, 배우자 또는 이성친구, 친구의 순서다. 돈이 비중이 대략 40%나 된다.

하지만 반드시 그런 것은 아니다. 돈은커녕, 아무 것도 갖지 않는 무소유에서 행복을 느끼는 사람도 있고, 학자나 예술가들은 돈보다 자신이 연구하고 추구하는 전문성을 성취하고 명예를 얻는 것에 행복을 느낀다. 군인은 돈을 벌기 위해 적과 싸우지 않는다. 국가와 국민을 지키는 사명감을 다했을 때 영예를 얻고 행복하다.

그런가 하면, 남을 돕는 것에 행복을 느끼는 사람도 있고 제자들을 가르치는 것을 행복해 하는 사람들도 있고, 스포츠 선수들은 남보다 뛰어난 기량을 인정받고 기록을 경신하고 승자, 챔피언의 자리를 지키는 데 행복을 느낀다. 그리하여 일찍이 많은 이들이 갖가지 '행복의 조건'들을 제시해 왔다. 그와 관련해서 여러 자료들을 살펴보면서 대략 몇 가지로 간추려 봤다.

1. 감사할 줄 알아야 행복하다.

누구라도 혼자서는 살아갈 수 없다. 지금의 내가 있는 것은 부모, 형제자매, 일가친척이 있고 친구가 있으며 선후배가 있고 이웃이 있으며 스승이 있기 때문이다. 그들이 없었다면 과연 나는 어찌되었을까? 항상 내 주변의 모두에게 감사한다. '감사합니다.'를 잊지 않으면 행복하다.

2. 사소한 것에 행복해야 한다.

흔히 행복을 자기가 원하는 모든 것을 갖게 되는 것으로 크게 생각한다. 하지만 진정한 행복은 그처럼 거창하지 않다. 세계 최고봉 에베레스트에 오르는 것도 첫걸음부터 시작한다.

에베레스트를 정복하면 행복하겠지만 그에 앞서 에베레스트에 도전하게 된 것만으로도 행복해하고, 목숨을 걸고 도와주는 동료와 셀파가 있다는 것에 행복해하고, 밧줄과 여러 등산도구들이 있다는 것을 행복하게 생각해야 한다.

서양 사람들은 아주 작은 선물을 줘도, 조금만 친절을 베풀어도 "I'm very happy."라고 말한다. 아주 작고 사소한 것에도 행복할 줄 아는 사람은 틀림없이 언제나 행복하다.

3. 만족할 줄 알아야 행복하다.

만족을 못 느끼는 사람은 행복할 수 없다. 돈이든, 무엇이든 자꾸 더 많이 가지려 한다면 영원히 행복은 없다. 그것은 자신을 망치는 탐욕이다. 욕심이 끝이 없다면 행복할 수 있겠는가? 크게 욕심내지 않고 만족할 줄 아는 사람은 행복하다. 프랑스의 대문호 알베르 카뮈는,

"행복을 잃기는 쉽다. 왜냐하면 행복이란 언제나 분에 넘치는 것이기 때문이다."

라고 했다. 너무 자기 분수에 넘치는 거창한 행복을 기대하면 진정한 행복을 얻기 어렵다.

4. 마음이 평온하고 평상심을 유지해야 행복하다.

마음이 항상 평온하고 흔들림이 없어야 한다. 자신의 가치관이 뚜렷

한 사람은 흔들리지 않는다. 무엇인가 자기 마음의 중심을 잡지 못하기 때문에 실바람에도 흔들린다.

마음이 흔들리면 조그만 변화나 자극에도 쉽게 휩쓸린다. 그래서 자신의 이성을 벗어난 충동적인 행동을 한다. 뿐만 아니라 불만이 커지고 분노를 참지 못한다. 세상사에 불평이 많다는 것은 모든 게 자기 마음에 들지 않는다는 것이다. 그것이 지나치면 분노한다. 그런 사람이 행복할 수 있을까? 뚜렷한 가치관을 갖고 평상심을 유지할 수 있어야 행복하다.

독일 철학자 쇼펜하우어는 이런 말을 남겼다.

"행복의 원리는 간단하다. 불만에 자기가 속지 않으면 된다. 어떤 불만으로 말미암아 자기 자신을 학대하지 않으면 인생은 즐겁다."

불평, 불만, 분노는 곧 자기 자신을 학대하는 일이다. 자신을 학대하는 사람이 행복을 기대하기 어렵다.

5. 부정적인 마음을 버려야 행복하다.

몸과 마음이 건강해야 행복할 수 있다. 몸뿐 아니라 마음도 건강해야 한다. 건전한 마음과 낙관적, 긍정적 마인드를 가져야 행복을 얻을 수 있다. 부정적 마인드를 가지면 쉽게 좌절하고 용기를 내지 못한다. 당연히 행복을 느끼기 어렵다.

6. 친구와 취미가 있어야 행복하다.

서로 마음과 뜻이 통하는 친구가 있으면 결코 외롭지 않다. 예로부터 참다운 친구 세 명만 있으면 행복할 수 있다고 했다. 또한 여가시간을 보람 있게 보낼 건전한 취미가 있어야 한다.

취미란 일이나 직업은 아니지만 자신이 꼭 하고 싶고, 좋아하는 활동이다. 자신이 좋아하는 활동을 하면 기쁘고 즐겁다. 그런 감정이 행복을 가져 온다. 친구와 취미는 돈보다 가치가 있으며 삶을 행복하게 해준다.

7. 행복은 가까운 곳에 있다.

행복은 멀리 떨이져 있는 것, 마치 뜬구름처럼 쉽게 손에 잡히지 않는 것으로 생각한다. 그리하여 자신이 생각하는 행복을 죽을 때까지 뒤쫓아 가기만 할 뿐 잡지 못한다. 우리가 어렸을 때 읽었던 메테르링크의 동화 〈파랑새〉를 기억할 것이다. '파랑새'는 행복의 상징이다.

행복은 결코 멀리 있는 것이 아니다. 자기 가까이에 있다. 어쩌면 지금 자신의 삶이 곧 '행복'일 수 있다. 그런데도 끊임없이 뜬구름을 잡으려고 한다. 행복은 틀림없이 가까운 곳에 있다.

분명한 것은 개인의 행복은 그 척도와 기준이 있을 수 없다. 오직 자신에게 달렸다. 어떤 인생관과 가치관을 가지고 무엇을 추구하느냐에 행복이 달려 있다.

아무 것도 하지 않고 가만히 앉아서 행복해지기를 바란다면 어리석은 짓이다. 모든 것을 다 갖는 것보다 모자라는 것을 채워나가는 것이 더 행복하다. 신혼부부의 살림살이가 완벽하게 갖춰지기 어렵다. 그러나 하나씩 살림을 채워나가고 저축이 꾸준히 늘어난다면 행복을 느낄 수 있다.

미국의 정치인이었던 로이 굿맨Roy M. Goodman은 행복은 여정이지 목적지가 아니라는 점을 기억하라고 했다. 행복은 우리가 살아가는 여정旅程, 즉 과정이다. 마지막 목적지가 있을 수 없다. 우리가 살아가는 오늘에 행복이 있다. 그래서 19세기 미국의 정치지도자이자 명연설가였던 로버트 인젠솔Robert Ingersoll의 명언이 가슴에 와 닿는다.

"행복을 즐겨야 할 시간은 지금(now)이며
행복을 즐겨야 할 장소는 여기(here)다."

행복을 멀리서 찾으려고 하지 마라. 바로 우리들 곁에 있으며 언제가 찾아오는 것이 아니라 오늘을 어떻게 사느냐에 달려 있다. '오늘'이 가장 행복한 날이 돼야 한다. 오늘을 덧없이 흘려보내지 말고 가득 채워라. 오늘이 만족스럽다면 그것이 행복이다. 그리하여 유행하는 말투처럼 "오늘이 가장 행복한 날이지 말입니다."라고 웃으며 말할 수 있다면 당신이 바로 행복한 사람이다.

삶의 무게여, 행복의 무게여!

좀 오래된 노래가 있다. 가수 임희숙의 〈내 하나의 사람은 가고〉라는 가사에 등장하는 '등이 휠 것 같은 삶의 무게여'라는 소절을 떠올리면 뭉클한 느낌이 다가온다. 우리의 삶에는 분명히 무게가 있다. 정량이 있거나 저울로 계량이 가능한 무게는 아니지만 거부할 수 없는 삶의 무게가 있다.

가장으로서 가족을 책임져야 하는 아버지, 어머니의 삶의 무게는 무겁다. 가난하면 더욱 무겁고 시련일수록 감당하기 어려울 만큼 무겁다. 한창의 젊은이라도 사랑하는 연인과 뜻하지 않게 헤어지면, 무거운 마음이 오래도록 이어질 것이다. 그것도 삶의 무게다.

삶이 무겁게 느껴질 때, 사람들은 곧잘 자신이 살아 온 지난날들을 되돌아본다. 더없이 즐거웠던 일들은 추억으로 남아 있고, 슬프고 충격적인 일들은 기억으로 남아 있다. 그러한 것들이 좀처럼 지워지지 않지만 이미 지나간 일들이다. 삶의 무게를 가볍게 하는 데 별다른 도움을 주지 못한다.

고통스러울수록 자신의 희망찬 미래를 상상하며 용기를 얻고 인내하려 한다. 그러면 일시적으로 삶의 무게를 줄여주는 효과가 있다. 하지만 미래는 오늘, 현실이 아니라 불투명한 가상의 세계다. 꿈과 희망이 눈에 띄게 다가오지 않으면 오히려 삶의 무게는 더욱 무거워진다.

자신이 느끼는 삶의 무게는 어디까지나 오늘, 현재의 상황이다. 바로 오늘, 등이 휠 것 같은 무거운 짐을 지고 힘겨워한다. 무거운 짐을 짊어지고 발걸음조차 옮기기 힘든 사람이 도저히 행복할 수는 없다.

행복에도 무게가 있다.
행복의 무게는 보편적으로
삶의 무게와 비례한다.
삶이 가볍고 즐거우면 행복하다.
하지만 삶의 무게가 무거우면 행복도 버거워
좀처럼 가까이 할 수가 없다.

그러나 그보다 대부분의 사람들은 행복을 크고 무겁게 생각하며 당장 그것을 향유할 수 있는 것이 아니라, 미래에 이룰 수 있는 것으로 생각한다. 하지만 그것은 착각이다. 스스로 자기 능력 이상의 행복을 욕심내면 행복의 무게는 더 한층 무거울 수밖에 없다.

행복을 얻는 것은 내 마음에 달려 있다. 그래서 법정法頂스님도,

"무엇이 되어야 하고 무엇을 이룰 것인가 스스로 물으면서 자신의 삶을 만들어 가지 않으면 안 된다. 누가 나의 삶을 만들어 주겠는가? 내가 내 삶을 만들어 갈 뿐이다."

라고 그의 〈잠언집〉에서 말하고 있다.

행복은 평균이 있는 것이 아니다. 다른 사람들이 자신의 행복을 평가해 주는 것도 아니다. 스스로 행복하다고 느끼면 그것이 진정한 행복이다.

아울러 탐욕을 버려야 행복하다. 고대 그리스의 철학자 메네데모스Menedemos는, 원하는 것을 소유할 수 있으면 그것은 커다란 행복이다. 그러나 그것보다 더 큰 행복은 자신이 갖고 있지 않은 것을 원하지 않는 것이라고 했다. 분수에 넘치는 것을 바라는 탐욕을 버려야 행복할 수 있다는 얘기다.

너무 욕심 부리지 않고 스스로 만들어 가는 삶은 무게가 가볍다. 삶의 무게가 가벼우면 행복의 무게도 가볍다. 쉽게 행복을 가까이 할 수 있다.

설령, 자신이 얻고자 하는 행복이 크고 무겁다면 막연히 그런 행복이 저절로 다가오기를 기다려서는 안 된다. 행복이 무거운 짐이라면 한꺼번에 옮기지 않고 여럿으로 나눠야 옮기기 쉽듯이, 원하는 행복도 한꺼번에 얻으려 하지 말고 여럿으로 나눠야 한다.

그것이 곧 '오늘'을 행복하게 살아야 할 이유다. 얻으려는 큰 행복을 하루하루 나눠서 조금씩 성취해 간다면 오늘의 작은 행복에도 만족할 수 있고, 그러한 '오늘'들이 이어진다면 행복한 인생을 사는 것이다.

먼 훗날의 큰 행복보다 오늘의 작은 행복이 훨씬 더 가치가 있으며 그것이 진정한 행복이다.

나는 영원히 오늘을 산다

'오늘을 즐겨라' '오늘에 충실하라'는 얘기를 끊임없이 되풀이했다. 그렇다면 좀 더 구체적으로 오늘을 어떻게 보내는 것이 오늘을 즐기고, 오늘에 충실한 것일까?

결론부터 얘기하자면 오늘 해야 할 일을 오늘 이루어야 한다는 것이다. 우리는 어떤 일을 잘 마무리했을 때 마음이 홀가분하고 즐겁다. 그처럼 오늘을 깔끔하게 마무리해야 또 새로운 오늘을 즐겁게 맞이할 수 있다. 이제 그 구체적인 방법들을 설명하려는 것이다.

앞에서 '시간 관리'에 대해 설명했지만, 먼저 오늘 무엇을 어떻게 할 것인가에 대한 시간 배분이 필요하다. 스티브 잡스는 시간과 관련해서

'시간보다 앞서 나가라. 시간을 장악하라.'고 했다. 시간을 덧없이 흘려보내고 시간에 끌려가서는 안 된다. 자신이 시간을 주도하며 이끌고 나가야 한다.

더욱이 우리는 무엇이든 뒤로 미루는 습성이 있다. 앞으로 수많은 날들이 있고 시간이 얼마든지 있다는 부질없는 생각 때문이다. 다른 말로 하자면 그것은 게으름이다. 게으르면 오늘을 즐기고 충실할 수 없다.

또는 내일은 오늘보다 나을 것이라는 기대감으로 뒤로 미루는 것이다. 내일은 오늘보다 낫다는 보장은 전혀 없다. 그래서 중국의 억만장자 '알리바바' 그룹의 마윈馬雲 회장은 오히려 내일은 오늘보다 더 나쁠 것이라고 생각하고 오늘에 충실했다.

오늘 해야 할 일과 원하는 것을 이루려면 '내일은 오늘보다 훨씬 나쁠 것이다' '내일은 없다' '오늘이 이 세상의 마지막 날이다'라는 각오를 가져야 한다. 그래야 게으름을 피우지 않고 어떻게 해서든지 오늘을 충실하게 보냄으로써 원하는 것을 이룬다.

시간 관리를 제대로 못하고 오늘 해야 할 일을 뒤로 미루는 사람들은 대개 핑계가 많다. 자기 탓임에도 갖가지 핑계와 변명을 늘어놓는다.

그렇지 않으면 환경과 여건을 탓한다. 물론 지금, 자기 환경이나 여건이 오늘에 충실하기 어려울 수 있다. 하지만 뜻밖의 불행한 일이 생기거나 갑작스런 사고를 당하지 않았다면 환경, 여건을 탓하지 마라. 그것이 만족스런 사람은 드물다. 저마다 온갖 어려움 속에서도 자기가 해야 할 일을 해 낸다.

변명을 궁리할 시간에 일을 하라. 환경과 여건을 탓하며 해야 할 일을 내팽개쳐 놓고 불평할 시간에 일하라. 오히려 마음이 편해지고 '어떤 어려움이 있어도 일을 마치고 나면 만족감, 행복감을 느끼게 된다.

그와 함께 오늘 꼭 이루어야 할 일이 몇 가지가 있다.

첫째, 약속을 지켜라.

인간은 더불어 살아가는 사회적 동물이다. 약속은 공동체를 유지하는 질서이다. 남과 약속했다면 무슨 일이 있어도 지켜야 한다. 어떤 경우라도 이미 약속했다면 지켜야 하고, 갑자기 좋은 약속이 생겼더라도, 아무리 귀찮더라도 먼저 정한 약속이 우선이다. 약속시간까지 준수해야 한다.

법과 질서도 사회와의 약속이며 윤리도덕도 말없는 약속이다. 약속을 지키는 것은 대인관계의 필수요소다. 약속을 잘 지켜야 신용과 신뢰를 얻는다. 신용과 신뢰는 행복의 디딤돌이다.

둘째, 오늘 용서하라.

증오, 앙갚음 따위를 가슴에 품지 말아야 한다. 상처가 클수록 용서하지 않으면 자신의 일상이 걷잡을 수 없이 무너진다. 용서는 그러한 상처를 준 상대에게 넘겨준 삶의 통제권을 되찾는 것이라고 했다.

용서는 그 대상보다 자신을 위한 것이다. 용서는 자신의 삶과 행복을 남에게 맡기지 않고 책임지겠다는 선언이다. 아무리 큰 상처를 준 대상이라도 오늘 당장 용서하라. 도저히 용서할 수 없어도 용서하라. 그리하여 다시 행복할 수 있는 평상심을 찾고, 하는 일에 몰입해야 한다.

셋째, 자만심을 버려라.

자만심은 자신을 방자하게 만든다. 자만심이 있으면 더 이상 발전하기 힘들다. 자만심이 강할수록 주변에 당신을 비웃는 적들이 많다. 그 적들이 당신이 행복하지 못하도록 방해한다. 자만심이 있다면 오늘 당장 버려야 한다.

넷째, 너무 많은 것을 바라지 마라.

인생은 결코 공평하지 않다, 신분과 능력 차이가 있기 마련이다. 자기보다 인정을 더 받는 사람을 시기하며 그를 넘어서겠다는 욕심을 가지면 많은 것을 바라게 된다.

하지만 그것은 이루어지지 않는다. 그러면 불평과 불만이 커진다. 불만은 양분(거름)을 주지 않아도 저절로 잘 자란다. 결국 스트레스와 분노를 가져온다. '행복의 반대는 불행이 아니라 불만이다.'라는 말이 있다. 많은 것을 가지려다가 아무 것도 갖지 못한다. 오늘 부질없는 욕심을 버리겠다고 자신과 약속하라.

자주 말하지만 우리는 영원히 오늘을 산다. 오늘은 마지막 날일 수도 있고, 첫날일 수도 있다. 오늘을 가득 채워야 한다. 매일같이 오늘을 가득 채워나간다면 저절로 인생이 즐겁다.

오늘을 가득 채우기 위해서는 그만한 노력이 있어야 한다. 절박한 심정으로 노력하지 않으면 오늘에 충실하기 어렵다. 앞서 설명이 있었지만 스티브 잡스는 스탠퍼드 대학 졸업식에서 다음과 같은 마지막 말로 축사를 마쳤다.

"Stay Hungry, Stay Foolish"

(계속 갈망하라, 여전히 우직하게)

그런 사람이 영원히 오늘을 산다.

그런 사람이 오늘을 이루어 나가고, 행복한 삶을 산다.

내일은 내일의 태양이 뜰 테지만

틀림없이 내일은 내일의 태양이 뜬다. 어김없이 일주일, 한 달이 지나고, 어김없이 계절이 바뀌고, 어김없이 일 년이 지나고 새해가 온다. 거부할 수 없는 자연의 섭리다.

우리는 이러한 자연의 섭리와 시간의 흐름에 익숙하다. 하루는 24시간이다. 들쑥날쑥하거나 짧아졌다 길어졌다 하는 것이 아니다. 우리의 신체리듬은 그러한 시간의 흐름에 적응된 지 오래다.

그런데 문제가 생겼다. 인류가 문명文明을 만들어낸 것이다. 문명이란 사전적으로 '인류가 이룩한 물질적, 사회 조직적 발전'을 뜻한다. 인류가 진보를 거듭하면서 국가가 생기고 민족공동체가 생겼으며 지배계급과 피지배계급이 생겼다.

모든 물질이 집약적으로 빠르게 변화했다. 말하자면 인류가 적응해 온 자연 섭리와 시간 흐름과 같은 순리를 거스르게 된 것이다. 자연의 섭리와 문명은 서로 대치되는 것이었다. 인류의 삶이 갑작스럽게 놀라울 만큼 달라질 수밖에 없었다.

문명의 발달이 세상을 바꿨다. 그 대표적인 것으로 기술발전, 먹거리 변화, 속도 변화라고 할 수 있다.

먹거리 변화는 혁명적이다. 오랫동안 수렵채집, 즉 사냥과 먹을 수 있는 식물을 채취해서 먹거리를 해결했던 인류가 농업, 가축사육을 하면서 재배한 농작물과 사육한 육류로 먹거리가 바뀌었다. 뿐만 아니라 그러한 식재료들을 이용한 요리가 등장했으며, 단순히 배고픔의 해결이 아니라 맛을 위해 향신료 등의 양념이 첨가됐다.

그것이 끝이 아니다. 문명이 더욱 발달하면서 식물성장의 촉진을 위해 비료, 농약 등이 사용됐으며 각종 화학물질들을 배합한 가공식품, 즉석식품 등이 등장하고 계절에 상관없이 모든 식물을 아무 때나 먹을 수 있게 됐다.

그리하여 먹거리가 풍부해졌지만 적지 않은 문제점들이 나타났다. 자연의 순리를 거스른 가공식품, 즉석식품이 인간의 주요 먹거리가 되면서, 오랫동안 천연의 먹거리와 그것의 소화에 익숙했던 우리 몸이 미처 적응을 못한 것이다.

여러 전문가들은 현대인이 갖가지 질병에 시달리고, 특히 암과 같은 치명적인 질병에 시달리게 된 것은 우리 몸이 먹거리 변화에 아직까지 적응하지 못한 후유증 때문이라고 한다.

하지만 그보다 자연친화적이고 순리적인 삶에 더욱 결정적 영향을 미친 것은 '속도'의 놀라운 변화다. 문명이 등장한 이래, 갈수록 점점 더 빨라지는 속도에 적응하기 어려워지면서 '삶의 만족도'가 크게 흔들리는 것이다.

이를테면 바퀴를 발명함으로써 운반과 이동의 속도가 빨라지기 시작했다. 말과 같은 가축을 이용해서 더욱 빨리 이동할 수 있었다. 그러나 그것은 시작에 불과했다. 기술의 발전은 기계의 발명을 가져왔다.

18세기, 영국에서 산업혁명이 일어나고 기관차가 처음 등장했을 때 그 속도는 시속 50km정도였다. 처음으로 기관차를 타본 승객들은 빠른 속도에 현기증을 느끼고 멀미를 했다. 속도가 빨라 무섭다며 기차를 타지 않으려고 했다. 하지만 지금은 적어도 그 두 배인 시속 100km는 돼야 빠르다고 느낀다. 고속철도는 시속 300km는 쉽게 넘긴다. 그만큼 속도에 둔감해진다.

기계혁명은 오늘날 인간의 역할과 기능을 대체할 만한 로봇을 비롯한 인공지능을 만들어냈고, 컴퓨터 개발로 시작된 IT기술은 가전제품들의 혁신을 가져오고 우리 삶의 환경을 완전히 바꿔놓았다. 뿐만 아니라 그 변화의 속도가 빨라 적응하기가 몹시 어렵다.

중요한 것은 이와 같은 속도의 변화가 단순히 기계의 발달에 멈추는 것이 아니라 세상의 변화에 영향을 미치고 우리 의식을 변화시킨다는 것이다. 우리의 이른바 '빨리빨리' 문화도 그 좋은 예이며, 많은 사람들이 세상의 변화가 빨라 적응은커녕, 현기증을 느낀다고 말한다.

속도의 변화가 빨라지면서 두 부류의 인간이 생겨났다. 즉 변화의 속도에 적응하는 부류와 적응하지 못하는 두 부류다. 그에 따라 불평등, 불공평이 확대되는 것도 문제다.

감당하기 어려운 속도의 변화는 세상을 빠르게 변화시키고 기계문명의 혁신적인 변화를 가져온다. 가령 디지털 기술의 변화속도를 장년층이나 노년층은 도저히 못 따라 간다. 당연히 적응하지 못한다. 스마트폰조차 제대로 조작하지 못하고 거의 모두 디지털화되는 세상에서 소외된다.

내일은 내일의 태양이 뜰 테지만
또 어떤 변화에 부딪쳐야 할지 내일이 두렵다.

내일이 오지 말았으면 좋겠다는 심정이다. 너무 빠른 속도의 변화는 우리에게 심각한 스트레스를 준다. 속도의 변화를 따라가지 못하고 적응하지 못하면 하루하루가 두렵다. 소외당하거나 생활이 위축될 수밖에 없다. '오늘'이 즐거워야 하는데 오히려 두렵다면 행복할 수 없다.

자연의 섭리와 순리에서 크게 벗어난 시대, 기계문명이 지배하는 시대에 행복하려면 어떡해야 할까?

청소년이나 젊은 세대는 대부분 변화하는 빠른 속도를 따라가고 그러한 속도에 비교적 쉽게 적응한다. 그들은 적응해야만 생존할 수 있다. 하지만 중년을 넘어서서 속도변화를 따라가고 적응하기가 어렵다면 억지로 무리할 필요는 없다.

아무리 디지털 시대라지만 아날로그로 산다고 해서 큰 문제가 될 것은 없다. 공연히 빠른 변화를 뒤쫓으려고 아등바등할 이유가 없다. 의연하고 느긋해야 한다. 오히려 느리게 사는 것이 행복할 수 있다. 한 때 〈느림의 미학〉이니 〈느리게 사는 즐거움〉 등의 책들이 큰 관심을 끌었던 것도 그 까닭이다.

빠른 속도변화를 뒤쫓는 사람에게도 내일은 내일의 태양이 뜨고, 느리고 느긋하게 사는 사람에게도 내일은 내일의 태양이 뜨기는 마찬가지다. 자연의 순리에 따라 오늘만 생각하라. 모든 동물들에게는 오직 오늘밖에 없다.

오늘만 생각하며 단순하게 사는 사람이 훨씬 행복할 수 있다. 행복이란 과거도 미래도 아니며 오직 오늘의 상황이다. 욕심내지 않고 단순하게 살수록, 크게 바라는 것이 없기 때문에 그만큼 행복해지기 쉽다.

오늘은 내 남아 있는 인생의 첫날이다

"오늘은 내 남아 있는 인생의 첫날이다."

그렇지 아니한가? 어제까지는 내가 이미 살았던 날이다. 바로 오늘부터 자신의 남은 인생이 시작되니 그 첫날이 아닌가?

무엇이든 '첫' '처음'은 상당한 의미가 있다. 자신이 이 세상에 처음으로 태어난 날인 생일이 의미가 있으며, 첫 일 년을 산 첫돌이 의미가 있다. '첫' '처음'은 '새로움'과 관련이 깊다. 오늘이 자신에게 남아 있는 인생의 첫날이라면 무엇인가 새로워야 한다.

그러면 어떡해야 오늘이 새로울 수 있을까?

임상심리학자 아주대학교의 이민규 교수는 이런 말을 했다.

"지금 불행하다고 생각하면 그것은 과거의 산물이다. 만족한다면 그것 역시 과거의 산물이다. 그렇다면 미래의 행복과 불행은? 지금 이 순간을 어떻게 보내느냐에 따라 좌우된다. 이것은 정말 평범한 진리다."

지금 자신에 대한 남들의 평가와 자신의 행복 또는 불행은 오늘을 맞아 만들어진 것이 아니다. 이미 지나간 과거에 형성된 것이다. 자신이 어제까지 살았던 이력과 경력, 인생관과 가치관, 자신이 추구해 온 것 등이 쌓이고 쌓여 지금의 자신이 된 것이다.

다시 말하면 자신의 역사에 따라 외부의 평가를 받고, 스스로 행복과 불행을 가늠하는 것이다. 역사는 지나 온 과거의 발자취다. 이제 내 남은 인생의 첫날을 맞아 자신의 새로운 역사를 만들어 나가겠다는 의지를 갖고 오늘부터 실천한다면 그것이 '새로움'이며 새로운 오늘이다.

이민규 교수의 지적처럼 자기 미래의 행복과 불행은 지금 이 순간, 즉 오늘을 어떻게 보내느냐에 달렸다. 남은 인생의 첫날인 오늘을 새롭게 보내기 위해서는 먼저 자신의 남은 인생을 어떻게 무엇을 하고 살아야 행복할 것인가에 대해 생각해 봐야 한다.

또한 그를 위해 이미 가버리고 사라진 것이지만 자신의 역사를 잠시 되돌아 볼 필요가 있다. 우리가 과거의 역사를 배우는 것은 그것을 반면교사로 삼아 더 나은 발전을 하기 위해서다. 그처럼 자신의 역사를 돌아보면 시행착오를 되풀이하지 않을 수 있다.

기욤 뮈소Guillaume Musso는 우리에게도 잘 알려진 프랑스의 현역 작가다. 젊은 작가지만 감각적이고 판타지가 가득한 작품들을 잇달아 내놓아 크게 각광받고 있다. 프랑스 언론은 그에 대한 독자들의 열광을 '하나의 현상'으로 표현할 정도다.

특히 그는 시간의 흐름과 관련된 작품을 많이 썼는데, 그의 대표작 가운데 하나로 꼽히는 〈구해 줘〉라는 작품에는 이런 대목이 있다.

"오늘은 내 남은 인생의 첫날이다. 우리는 자기 자신이 아닌 다른 사람이 되고 싶어 한다. 인간은 앞을 보면서 살아야 하지만, 자신의 삶을 이해하기 위해서는 뒤를 돌아봐야 한다."

우리가 추구하는 궁극적인 행복은 상당히 커서 상상이나 환상 또는 뜬구름 같은 경우가 많다. 기욤 뮈소가 지적한 것처럼 지금의 내가 아닌 전혀 다른 사람이 되고자 한다. 이를테면 가난한 사람이 큰 부자가 되는 환상, 정치지망생이 대통령이 되는 환상과 같다.

우리보다 앞서 살았던 많은 사람들이 "너무 행복에 집착하면 행복은 그만큼 멀어진다."고 했다. 추구하는 행복은 어느 정도 실현가능성이 있을 때 그 가치가 있다.

오늘 자신의 환경과 여건, 위치, 자신의 능력이나 역량 등을 감안해서 실현가능한 목표를 설정해야 한다. 그러기 위해서는 자신의 오늘이 있게 한 과거를 돌아 볼 필요가 있다.

지금까지 나는 무엇을 하며 어떻게 살아왔는가? 과연 지금까지 내가 원하는 대로 살아왔는가? 나의 어떠한 능력이 인정을 받았는가? 내가 남들보다 잘 할 수 있는 것은 무엇인가? 등등을 되짚어 봐야 한다. 시행착오를 되풀이하지 않겠다는 스스로의 다짐이 있어야 내 남은 인생의 첫날을 새롭게 출발할 수 있다.

자신의 인생을 새롭게 출발한다고 해서, 행복에 집착해서도 안 되고 거창한 목표를 세워도 바람직하지 못하다. 자신의 능력으로 실현가능한 목표를 세워야 성취도가 높다. 행복은 자신의 인생을 살아가는 과정에 있으며 가까이에서 찾아야 한다.

오랫동안 인간의 행복을 연구해 온 미국 덴버 대학의 심리학자 이리스 마우스 교수는,

"행복 그 자체를 쫓기보다는 자신을 행복하게 하는 활동을 추구하는 것이야말로 진정으로 사람을 행복하게 만든다."

고 했다.

행복은 삶의 목표, 목적이라기보다 만족감을 얻을 수 있는 것을 해나가며, 그날그날 얻을 수 있다. 남은 인생의 첫 출발도 바로 오늘이 만족스럽고 즐겁다면 성공적이다. 행복은 멀리 있는 것이 아니라 바로 그러한 오늘에 있다.

Part 2

오늘같이 좋은 날

Oh, Happy Today

어차피 인생은 편도 여행이다

우리 인생은 편도여행이다. 일방통행의 외로운 길을 뚜벅뚜벅 걸어가는 것이 우리 인생이다. 되돌아 올 수 있다면 자신이 익숙했던 것들과 친근했던 것들을 만날 수 있겠지만 그럴 수 없다. 매일같이 처음으로 맞이하는 새로운 것들과 낯선 것을 만나야 하는 것이 우리 인생이다.

프랑스 현역 여류 시인인 오스텅스 불루는 인생은 황량하고 쓸쓸한 사막을 앞만 바라보고 가는 것과 같다고 했다. 그녀는 프랑스 파리 철도 회사의 시詩 공모에서 8000대 1의 경쟁을 뚫고 〈사막〉이라는 시로 당선됐다.

그 사막에서 그는 너무 외로워
때로는 뒷걸음질로 걸었다
자기 앞에 찍힌 발자국을 보려고.

그녀가 쓴 〈사막〉의 일부다. 인생의 편도여행은 혼자서 사막을 걷는 것과 같이 외롭고 두렵다. 마치 망망대해를 조각배에 실려 가는 것과도 같다. 사막에서 언제 모래바람을 만나고 신기루에 길을 잃을지, 드넓은 망망대해에서 언제 폭풍우와 거센 풍랑을 만날지 모른다. 그래서 인생의 편도여행은 외롭고 두렵다.

우리는 곧잘 자신이 살아 온 과거, 되돌아 갈 수 없는 지난날들을 되돌아본다. 지나 온 날들에 대한 회한과 후회와 미련이 없다면 보람 있게 잘 살아 온 인생이다.

19세기 미국의 사상가였던 헨리 데이비드 소로Henry D. Thoreau는,

"우리는 현재밖에 살 수가 없다. 과거를 돌아보고 한 순간도 헛되이 보내지 않았다고 단언할 수 있는 사람이 가장 행복한 사람이다."

라고 했다.

그를 위해 '오늘을 즐겨라' '오늘에 충실하라'는 말을 수없이 해 왔다. 오늘, 현재에 충실하면 후회와 미련이 남을 수 없으며, 그러한 오늘들이 인생의 종착역까지 쌓이면 한 순간도 헛되이 보내지 않은 사람으로 행복한 인생을 산 것이다.

그것이 말은 쉽지만 실제적으로는 대단히 어렵다. 되돌아 올 수 없는 멀고 먼 편도여행은 힘든 여행이다. 낯선 것들과 전혀 예측할 수 없는 앞길, 앞날에 대한 두려움에서 벗어나기 어렵기 때문이다. 그러면 이 멀고 힘든 편도여행을 어떻게 해야 할까?

동행同行이 있어야 한다.

'빨리 가려면 혼자서 가고, 멀리 가려면 함께 가라.'는 아프리카 속담이 있다. 사막과 정글, 맹수가 우글거리는 아프리카에서 먼 길을 가려면 누군가 함께 갈 사람이 있어야 했기에 그런 속담이 나왔다.

우리 인생도 사막과 정글의 연속이며 머나 먼 길이다. 함께 갈 사람이 있어야 한다. 동행이 있어야 두려움을 덜고, 뜻하지 않은 시련과 장애물을 만나도 함께 힘을 합쳐 극복해 나갈 수 있을 것이다. 그럼 누구와 동행할 것인가?

물을 것도 없이, 가족과 친구다.

가족과 가정이 있어야 한다. 가족은 자신과 같은 핏줄로 언제나 자기 편이 되어 준다. 가족은 저마다 제 갈 길을 가기도 하지만 필요할 때 언제든지 나타나서 힘이 되어 준다.

자신의 가정은 결혼과 함께 이루어진다. 제각기 살아 온 남녀가 부부가 되고 자녀를 낳으면서 가족이 형성된다. 그들은 영원한 내 편이다. 어떤 어려움이 있어도 한 마음 한 뜻이 되는 것이 가족이며 가정이다.

요즘 결혼하지 않겠다는 비혼非婚이 크게 늘어나고, 혼자 살겠다는 독신주의자 '싱글족'들이 크게 늘어난다. 자유롭게 살고 싶다는 그들을 애써 말릴 이유는 없다. 하지만 결혼을 안 하는 것보다 결혼하는 것이 바람직하다. 여러 조사 통계들에서도 미혼자보다 기혼자가 훨씬 행복한 것으로 나타난다.

가족과 가정에는 구성원으로서의 책임과 의무가 따르고 그것이 자신을 구속할 수 있다. 그러나 가족과 가정은 자기 혼자보다 큰 힘이 만들어지고 두려움에서 벗어날 수 있다.

가정이 있으면 역할분담과 생활안정으로 자신이 추구하는 것에 몰두할 수 있으며 부담없이 오늘에 충실할 수 있다. 가족과 가정은 영원한 동반자이며 누구보다 소중하고 꼭 필요한 동행이다.

친구가 있어야 한다. 가장 마음 편하게
자신의 인생행로에 동행할 수 있는 사람이 친구다.

자신과 뜻이 통하고, 아무런 허물이나 스스럼이 없는 친구야말로 가족보다 더 필요한 동행자일지 모른다. 자기 인생의 희로애락을 함께 하고, 곁에서 힘이 돼 주는 친구, 자신이 가야 할 방향과 삶의 고뇌를 숨김없이 터놓고 함께 의논할 수 있는 사람은 진정한 친구뿐이다. 친구가 있어야 행복하다.

자신과 동행하는 자, 친구가 없어서 애완동물이 삶의 반려가 되는 세상이다. 친구가 없는 사람은 드물지만 진정한 친구가 없다면 자신이 먼저 나서서 친구를 만들어야 한다. 자신이 먼저 다가가고 자신이 먼저 주어야 참다운 친구를 얻는다.

그리하여 오늘에 충실함으로써 덧없이 왔다가 가는 인생이 아니라 의미 있는 삶으로 발자취를 남겨야 한다. 그래야 삶을 다하더라도 후회와 미련이 남지 않는다.

조르주 퐁피두 전 프랑스 대통령의 묘소에는 '나는 사는 동안 내가 할 수 있는 모든 것을 다했다.'라는 묘비명이 있다. 그는 행복하게 눈을 감았을 것이다. 우리에게 〈에밀〉〈사회계약론〉 등으로 잘 알려진 스위스 태생의 프랑스 작가이자 사상가였던 장 쟈크 루소Jean-Jacques Rousseau도 다음과 같은 말을 남겼다.

"가장 오래 산 사람이란
가장 오랜 세월을 살았던 사람이 아니라,
가장 뜻있는 삶을 산 사람이다."

행복은 바로 지금, 현재진행형이다

'행복 추구'는 우리만이 지닌 욕망이다. 동물에게는 욕망이 없다. 오로지 생존을 위해 그날그날 먹이를 찾아 돌아다니며 배를 채우고 번식을 위한 짝짓기를 하는 본능만 있을 뿐이다.

욕망을 탓할 이유는 없다. 욕망은 동기를 부여하는 원동력으로 인류의 비약적인 발전을 이끌어 왔다. 욕망에는 양면성이 있다. 잘 쓰면 약이지만 잘못 쓰면 독이 되는 것이 욕망이다.

미국 오하이오 주 라이트 주립대학의 철학교수 윌리엄 어빈William B. Irvine이 쓴 〈욕망의 발견〉에서 욕망에는 '종국적 욕망'과 '도구적 욕망'이 있다고 했다.

'종국적 욕망'이란 근본적으로 자신이 원하는 궁극적인 욕망이다. 자신의 꿈과 희망, 인생목표를 이루겠다는 욕망이다. '도구적 욕망'은 그러한 종국적 욕망을 향해 나아가는 데 필요한 과정이나 도구적인 욕망을 말한다.

가령 어느 고등학생이 세계적인 유전공학자가 되겠다는 꿈을 가지고 있다면 그것은 종국적 욕망이다. 하지만 그 종국적 욕망을 달성하기 위해서는 대학에 가서 유전공학을 전공해야 하고, 석사, 박사학위를 취득하고 연구를 계속해야 한다.

그 학생이 대학의 유전공학과에 진학하려는 욕망을 비롯한 과정들을 도구적 욕망이라고 본다. 말하자면 다른 어떤 목표를 위해 형성되는 욕망들이 도구적 욕망이다.

우리의 '행복 추구' 욕망은 종국적 욕망이라고 할 수 있다. 행복 추구란 자신의 지금, 오늘, 현재보다 향상된 삶, 훨씬 더 나은 삶, 더 만족스런 삶을 추구하는 것이다. 따라서 행복 추구는 지금, 오늘이 아닌 미래 지향적 특성을 가진다. 앞으로 삶이 그렇게 향상되어 행복하기를 바라는 자기 삶의 목표이자 희망 사항이다.

그러나 여기에는 '욕망의 덫'이 있다.

자신이 그토록 원하던 행복, 즉 종국적 욕망을 성취했다고 하자. 종국적 욕망은 이성적, 합리적이라기보다 자신의 감정에 의해 동기가 부여되는 경우가 대부분이다. 따라서 끝없이 확대되는 속성이 있다.

이를테면 자신이 원하던 행복을 얻었더라도 그것에 만족하지 않고 또 다른 종국적 욕망을 갖게 된다. 그 대표적인 것이 종국적 욕망에 포함되는 '쾌락적 욕망'이다. 자신의 삶이 원하던 것을 얻으면 거기서 끝나지 않고 쾌락을 추구한다.

그러한 쾌락 추구가 자신을 파멸시키고 행복을 무너뜨린다. 이것이 욕망의 덫이다. 그 때문에 또 다시 행복 추구를 되풀이한다.

행복을 성취했더라도 만족감은 잠시뿐이다. 시간이 흐르면서 그 행복에 적응하면 또 다른 불만족이 생겨나고 또 다시 다른 형태의 행복을 추구하게 된다. 이것 역시 '욕망의 덫'이며 행복 추구는 완성이 없다. 영원히 성취되지 않고 반복될 뿐이다.

행복 추구는 사람마다 목표가 다르다. 어떤 사람은 돈 많은 부자가 되고 싶어 하고, 어떤 사람은 권력을 얻는 것, 또 어떤 사람은 명성과 명예를 얻는 것이 행복이다.

행복은 자신의 현재가 아니라, 앞으로 그렇게 되기를 바라는 것이다. 앞에서 지적했듯이 그처럼 대부분의 사람들이 추구하는 행복은 미래지향적 욕망이다. 욕망은 또 다른 욕망을 낳는다. 욕망에는 끝이 없다. 행복이 욕망이라면 영원히 찾을 수도 얻을 수도 없다.

더욱이 욕망이 지나친 욕심으로 변질되어 탐욕이 되면, 어떤 욕망도 성취하기 어렵다. 오히려 자신을 황폐화시킨다. 욕망은 무한하다. '욕망의 덫'에 사로잡히면 아무 것도 이룰 수 없다.

이 세상 모든 일은 멀리 떨어져 있는 것이 아니라 가까이에서 시작된다. 행복도 멀리서 찾으려 하지 말고 가까이에서 찾아야 한다. 영국의 유명한 역사학자인 버트런트 러셀Bertrand Russell은 '행복은 찾는 것이 아니라 누리는 것이다.'라고 했다.

행복은 언젠가 자신이 성취해야 할 목표가 아니라, 오늘 자신이 지닌 것에 감사하는 마음에서 비롯된다. 행복을 찾아 헤맬 것이 아니라 지금 자신이 가진 것이 부족할지라도 그것에 감사하면 행복이 바로 자기 곁에 머문다.

프랑스의 정신과 의사이자 심리학자이며 작가인 프랑수아 를로르Francois Lelord는 인간들이 추구하는 행복의 실체를 찾고자 했다. 그리하여 수많은 사람들을 만나며 '행복'이라는 문제를 파고들었다. 그리하여 우리나라에서도 베스트셀러가 됐던 〈쿠뻬씨의 행복 여행〉을 썼다.

〈꾸뻬씨의 행복 여행〉에는 이런 대목이 있다.

"아는 것과 느끼는 것, 이 두 가지는 서로 다르다.
그 가운데 정말 중요한 것은 느끼는 것이다."

행복이 그렇다. 행복은 아는 것이 아니라 느끼는 것이다. 앞으로 언젠가 행복이 온다고 아는 것이 아니라 지금, 오늘 느끼는 것이다. 느낌이 미래일 수 있는가? 오늘이 기쁘고 즐겁고 만족스러우면 저절로 행복을 느끼는 것이다.

어떤 사람은 지금 단란하고 화목한 가정에서 행복을 느낄 수 있으며, 또 어떤 사람은 지금 남을 돕고 봉사하는 일에서 행복을 느낀다. 만약에 오늘이 도무지 만족스럽지 못하다면 자신의 생각과 행동, 생활 패턴을 바꿔 보라.

어떻게 하든, 오늘 행복을 누리고 행복을 느껴야 한다. 행복은 먼 훗날의 목표가 아니라는 것을 잊지 말아야 한다. 어디까지나 행복은 현재 진행형이다.

내일, 우연한 기적은 없다

무척 어렵게 사는 후배가 있다. 안정된 직장을 팽개치고 사업을 하려다가 실패해서 온갖 빚에 쫓기는 후배다. 그는 은행에 자주 들러 잔고를 확인한다고 했다. 잔고가 거의 없는 빈 통장이지만 행여나 거액이 들어와 있지 않을까 하는 기대감 때문이라고 했다.

그는 매일 헛수고를 한다. 거액의 눈먼 돈이 있을 수 없고 행여 잘못 입금되지도 않는다. 그는 도저히 있을 수 없는 우연한 기적을 바란다. 하지만 절망적인 삶에서도 은행에 가는 시간만큼은 가슴이 설렐 것이다. 부질없는 짓인 줄 알면서도 기적을 바란다.

도저히 불가능하게 여겨지는 것이 이루어질 때 기적이라고 한다. 사실 우리는 '기적'이라는 말이 낯설지 않다. 십여 층 아파트에서 어린 아이가 떨어졌는데 전혀 다치지 않은 것도 기적이며, 결혼한 지 10여 년이 지나도 아이를 낳지 못하던 부부가 아이를 낳아도 기적이다. 공부를 잘 못해 대학진학이 어려워 보이던 학생이 일류대학에 합격해도 기적이다.

스포츠에서 기량이 떨어져 상대를 이길 수 없는 팀이나 선수가 최강의 팀, 선수를 이겼을 때도 기적이라고 한다. 거액의 로또복권에 1등으로 당첨되는 것도 기적이라면 기적이다.

종교에서는 영적인 기적을 자주 내세운다. 도저히 가망이 없어보이던 암 말기 환자가 불현듯이 암을 극복하고 건강을 되찾았을 때도 기적이다. 기적은 뜻풀이 그대로 상식을 벗어난 기이하고 놀라운 일이지만 기적적인 상황이 전혀 없지는 않다.

그 때문인지, 많은 사람들이 자신에게 기적이 일어나기를 기대하며 살아간다. 시련과 역경에 고통을 받을수록 더욱 기적이 일어나 인생이 역전되기를 기대한다.

오늘 자신의 처지로 볼 때 당장 놀라운 기적이 일어날 것 같지는 않고, 내일이라도 기적이 일어나기를 바란다. 우리 고전 〈흥부전〉에서 흥부가 제비 다리 고쳐주고 대박이 터지는 것처럼 자기 인생의 대박이 터지는 기적을 기대한다.

하지만 기적은 논리적으로나 과학적으로 있을 수 없다. 있다면 그야말로 우연일 뿐이다. 그렇다면 우연이 아닌 진짜 기적은 있는 걸까?

미국에서 있었던 실화다. 어느 가정집 주방에서 뚜렷하게 라디오 소리가 흘러나왔다. 진행자의 말이나 음악이 아주 명확했다. 가정주부가 놀라서 주방을 샅샅이 살펴봤지만 라디오는 없었다. 아니, 그녀의 집에는 애당초 라디오가 없었다. 유령의 장난인가? 기적이 일어난 걸까?

크게 놀란 주부는 이 사실을 관계기관에 알렸고 전기기술자들이 달려와서 주방을 빈틈없이 살피고 조사했다. 그랬더니 놀랍게도 주방에 있는 가전제품을 비롯한 여러 주방용품들이 교묘하게 어우러져 라디오 기계구조와 똑같이 만들어졌다는 것을 밝혀냈다. 이거야말로 우연한 기적이다. 하지만 그것은 어디까지나 우연일 뿐 진짜 기적은 아니다.

그러나 진짜 기적이 있을 수 있다.

불가능은 사실이 아니라 하나의 견해일 뿐이라는 말이 있다. 불가능하다는 것이 가능해 질 수도 있다는 얘기다. 불가능하다고 생각하는 것을 가능하게 하는 기적이 있을 수 있다. 기적을 바라는 것은 무모하고 터무니없다. 하지만 앞의 여러 사례에서 보듯이 기적이 불가능하다고 단정할 수는 없다. 다만 우연한 기적은 있을 수 없다.

우리가 아는 기적들에는 그러한 기적이
일어날 만한
분명한 이유들이 있다.

화장품 제조회사를 세워 크게 성공한 외국의 어느 창업자는 그의 성공을 의아해 하는 사람들에게 이렇게 말했다.

"무엇인가 간절히 바라면 그것을 이루고 말겠다는 강한 집념이 샘솟고, 그 집념에서 놀랄 만한 엄청난 힘이 나온다. 원래 인간에겐 누구나 기적을 일으킬 힘이 잠재해 있다. 그것을 믿고 실행하는가, 그렇지 않은가에 달려 있을 뿐이다."

그의 주장에 동의한다. 인간에게는 자신이 생각하는 능력, 남이 평가하는 능력을 넘어서는 초능력이 있다. 이것을 흔히 잠재력이라고 말한다. 숨은 자신의 잠재력을 발휘하면 기적이 일어난다.

중요한 것은 기적이란 가만히 있는데 우연히 일어나는 것이 아니다. 기적을 일으키는 것은 행운이나 요행이 아니라 바로 자기 자신이다. 자신이 기적을 만들어내는 주체가 돼야 한다.

그러기 위해서는 간절히 염원하는 것에 대한 집념이 있어야 한다. 강한 집념만이 감춰진 초능력 잠재력을 이끌어낼 수 있다. 진정한 기적은 우연이 아니다. 그러한 집요한 노력의 산물이 기적을 일으킬 수 있다.

우리가 바라는 진정한 기적은 하면 된다는 강한 집념과 노력 없이는 불가능하다. 10년이 넘도록 아이가 없는 부부는 남들 모르게 아이를 낳기 위해 온갖 노력을 다했을 것이다. 공부를 못했던 학생은 자신의 능력과 상관없이 대학에 가겠다는 집념으로 공부에 집중해서 잠재력을 이끌어냈을 것이다. 어느 취업 준비생이 좋은 직장에 합격한 것이 기적처럼 보이지만 그가 좋은 직장에 취업하겠다는 집념을 불태우며 각고의 노력을 했는지 남들은 모른다.

영국 프로 축구 '프리미어 리그'에서 실력이 제일 뒤떨어져 꼴찌를 할 것으로 예상했던 '레스터 시티'가 정상을 차지하는 기적을 이룩했다. 기량이 뛰어난 유명한 선수도 없었으며, 선수들의 연봉을 다 합쳐도 독일에서 활약하다가 프리미어 리그 토트넘으로 팀을 옮긴 우리나라 손흥민 선수 한 사람의 이적료에도 훨씬 못 미친다고 한다.

그러나 선수들은 저마다 다른 직업으로 생계를 유지하면서 오직 축구에 대한 집념을 불태웠다. 감독과 선수들이 하나가 돼서 온몸이 부서지도록 연습하며, 자기들에게 관심조차 없는 유명한 팀들을 이길 수 있는 묘안을 짜기에 골몰했다. 그 결과가 기적을 일으켜 영국을 열광시켰다.

틀림없이 진정한 기적은 있다.

무에서 유를 창조하고 불가능한 것을 가능하게 하면 기적이다. 자신이 염원하는 것을 오늘 당장 실천에 옮겨라. '하면 된다'는 긍정적 마인드와 반드시 이루고 말겠다는 강한 집념으로 오늘부터 실천에 들어가라.

자신의 담대한 도전과 용기를 발휘한다면 그러한 자신의 모습에 오늘이 행복할 것이다. 스스로 행복을 누리고 느낄 수 있다. 그리하여 기적을 창조하라. 내일, 우연한 기적은 없다. 하지만 오늘 진짜 기적이 시작된다.

국민행복지수 세계 1위, 부탄의 행복

험준한 히말라야 산기슭에 위치한 작은 나라 부탄Bhutan. 국토의 평균 해발고도가 2,200미터로 한라산, 지리산보다 훨씬 높은 산자락에 있는 나라다. 면적이 우리 한반도의 5분의 1도 안 되고 인구는 고작 약 75만 명, 국민총생산GDP 1인당 약 2천 달러로 세계 160위가 넘는 가난한 나라다.

그런데 국민행복지수GNH는 세계 1위다. 선진국을 잣대로 여러 과학적 통계로는 그렇지 못하지만, 부탄 국민의 97%가 '행복하다'고 대답한다니까 국민행복지수 세계1위를 의심할 수 없다.

지난 해(2015) 부탄 정부가 조사한 공식 통계로도 국민의 91.2%가 행복하게 살고 있는 것으로 나타나, 거의 모든 부탄 국민들이 행복하게 사는 것은 틀림없다.

특별한 자원도 없고
좁고 험준한 국토에서 가난하게 살아가는
부탄 국민들이 대체 왜 그처럼 행복할까?

정치적, 종교적, 국민의식 등, 여러 이유가 있을 것이다.

정치적으로는 국왕이 통치하는 부탄 왕국이었지만 최근 입헌군주제로 정치체제가 바뀌었다. 그에 따라 총리가 행정을 총괄하지만 여전히 국왕이 있으며 부탄 왕국이라고 부르는 사람들이 더 많다. 평민여성과의 사랑과 결혼으로 세계적인 화제가 됐던 젊은 국왕은 국민들로부터 절대적인 사랑을 받고 있다.

입헌군주제로 바뀌면서 부탄 왕실은 자신들의 토지를 모두 국민들에게 돌려줘 더욱 신뢰와 사랑을 받고 있다. 부탄 왕국 시절부터 이들의 정치이념과 통치철학은 몹시 단순하다. 자연보호와 국민복지가 최우선으로 그를 위해 온힘을 쏟는다.

국민총생산보다 '국민총행복'이 정책 1순위다. 부탄 헌법 제9조에도 '정부는 국민총행복을 추구할 수 있는 제반 조건들을 증진시키기 위해 노력한다.'고 명시돼 있다. 국민행복을 위해 공연히 강대국들의 세력다

툼에 휘말리지 않으려고 그들과는 외교관계도 맺지 않는다.

당연히 강대국들의 눈치를 살필 일도 없고 정치혼란도 없다. 그들은 골치 아픈 선진국이 되는 것을 원치 않는다. 경제성장보다 국민행복이 우선이다. 그를 위해 부탄은 이른바 '자발적 고립'을 택한다.

부탄은 경관이 몹시 아름다운 나라다. 눈 덮힌 히말라야 비경과 기후가 온화해서 울창한 숲이 공존하며 조화를 이룬다. 이러한 빼어난 자연을 보호하는 것이 국가의 중요한 시책이다. 자연이 행복해야 국민도 행복할 수 있다고 생각한다. 얼마나 자연을 사랑하는지 첫눈 오는 날은 국가 공휴일이다.

자연을 훼손하면 엄벌을 받는다. 꽃을 꺾어도 안 되고 꽃잎을 따도 안 된다. 국민들이 행복하게 사는 나라, 자연의 신비를 간직한 부탄을 찾는 전 세계의 관광객은 무척 많지만 엄격하게 제한해서 일 년에 고작 7,500명만 부탄을 관광할 수 있다. 자연훼손을 막기 위한 조치다.

그 때문에 부탄에서는 외국인을 보기 어렵다. 관광 비용도 무척 비싼 편이다. 부탄 정부는 관광 수입을 모두 국민복지에 사용한다. 부탄에서는 낚시를 할 수 없다. 부탄 국민들은 남을 속이는 것을 가장 싫어한다. 낚시는 미끼를 던져 물고기를 속이는 짓이기 때문이다. 낚시하다가 적발되면 중형에 처해진다. 또한 부탄에는 도축장도 없다. 불교국가로 살생은 죄악이다. 닭, 오리, 양, 염소와 같은 가축은 제 수명을 다한다. 육류는 모두 외국에서 수입한다.

부탄은 헌법에 명시되어 있듯이 국민들의 행복을 위해 무상교육과 무료의료를 실시한다. 뛰어난 학생은 국가장학금으로 해외유학을 할 수 있다. 선진국에서 유학을 마치고 그곳에서 취업해서 연봉이 우리 돈으로 1억 원이 넘어도 대부분 고국으로 돌아온다. 경제소득은 높지만 불행한 것보다 가난하더라도 고국에서 행복하게 살고 싶기 때문이다.

부탄은 불교 국가다. 국민의 약 70%가 불교 신자다. 신앙심이 두텁고 국왕을 사랑하며 믿고 따르니 사회혼란이나 갈등이 없다. 국민들은 가난해도 부끄러워하지 않고 잘 살아도 과시하지 않는다. 항상 친절하고 겸손하면서도 자신감을 갖고 살아간다. 누가 보더라도 그들의 모습은 행복해 보인다.

불교 사상은 곧 부탄 국민들의 생활철학이다.
행복의 가장 중요한 핵심은
'현재에 만족하라'는 불교 사상이다.

남을 속이지 않고, 물질을 탐내지 않고, 욕심 없이 현실에 만족하며 자연에 의지해서 단순하게 살아가니 행복하다. 그들은 죽음도 두려워하지 않는다. 오직 주어진 여건과 오늘에 충실하며 열심히 살았으니 여한이 없다. 그래서 내일 죽는다면 오늘 무엇을 할 것이냐고 물으면 실컷 술을 마실 것이라고 대답하는 그들이다.

마음속에 탐욕이 도사리면 결코 행복할 수 없다. 현재에 만족하지 못하면 탐욕이 생긴다. 부탄 국민들과 같은 평상심과 긍정적 마인드가 있어야 한다. 크게 바라는 것 없이 자신에게 주어진 환경과 여건을 받아들이고, 오늘에 충실한 단순한 삶이 행복의 지름길이다.

피할 수 없으면 즐기라고?

"피할 수 없으면 즐겨라!"

자주 들어 온 말이다. 피할 수 없다는 것은 궁지에 몰린 상황이다. 그런데 어떻게 즐기란 말인가?

큰 지진이 일어나서 땅이 요동치고 건물이 마구 무너져 내려 피할 길이 없고 목숨이 위태로운데, 어떻게 즐기란 말인가? 드넓은 바다 한가운데서 거센 폭풍우를 만나 배가 침몰하기 직전인데, 뭘 어떻게 즐기란 말인가? 깊은 산속을 혼자 걷다가 호랑이를 만났는데, 어떻게 즐기란 말인가? 호랑이 앞에서 춤추고 노래하란 말인가?

물론 그런 것은 아니다. 피할 수 있다면 피해야 한다.

우리가 말하고자 하는 '피할 수 없는 것'은 살아가면서 어쩔 수 없이 부딪치는 고난, 시련, 역경, 장애물과 같다. 그러한 불가피한 것들은 피하기 어려워서 좌절감에 빠지게 하거나 우울증을 가져오고, 자칫하면 삶을 포기하게 한다.

즐기라는 것은 그러한 고난을 과감하게 받아들이고 긍정적 마인드로 기꺼이 맞서 나가라는 것이다. 또한 어차피 해야 할 일이라면 꾀를 부리거나 뒤로 미루려 하지 말고 하기 싫더라도 즐겁게 하라는 것이다. 어차피 해야 할 일이라면 피해서 될 일이 아니잖나?

이를테면 대학에 진학하려는 입시준비생은 치열한 경쟁을 뚫고 원하는 대학에 가려면 열심히 공부를 해야 한다. 공부를 피할 수 없으면 공부를 즐기라는 것이다. 마지못해 억지로 하는 것보다 즐겁게 해야 능률도 오른다. 군복무는 우리나라 청년들의 의무다. 특별한 결격사유가 없다면 반드시 군대에 간다. 피할 수 없는 군복무라면 즐거운 마음으로 입대하라는 것이다.

우리의 삶에서 피할 수 없는 것은 여러 가지가 있다.

열악한 환경, 스트레스, 치명적인 질병이나 장애에서 오는 정신적, 육체적 고통 등이 그 대표적인 것들이다. 솔직히 즐거움과는 거리가 멀다. 하지만 피할 수 없는 것들로 자신이 어떻게 받아들이느냐가 중요하다.

제2차 세계대전 무렵 영국의 유명한 정치가였던 윈스턴 처칠 수상은 어떤 일을 하느냐보다 어떤 마음을 갖느냐가 중요하다고 했다. 그러한 피할 수 없는 악조건들과 맞서 어떤 마음을 갖느냐가 중요하다. 마음이 나약해져 그런 악조건들에 제압당하고 짓눌린다면 쓰러지고 만다. 낙관적 마음으로 차라리 즐겨야 한다.

공자孔子도 〈논어〉에서 알기만 하는 사람은 좋아하는 사람만 못하고, 좋아하는 사람은 즐기는 사람보다 못하다고 했다. 용기를 가지고 악조건들과 마치 게임을 하듯, 승부를 겨루는 스포츠를 하듯 즐겨야 마침내 이겨낼 수 있다.

번서 열악한 환경을 얘기해 보자.

자신의 환경이 완벽한 사람은 드물다. 이른바 '금수저'라고 해서 완벽한 환경은 아니다. 재산이 많으면 그것을 지키려고 밤낮없이 노심초사하고, 재산상속을 놓고 부모와 자식, 가족 간에 갈등하고 다투는 경우가 흔하다. 부모의 재산을 빼앗으려고 아버지를 살해한 패륜아도 있고, 형제가 서로 등을 돌리고 법정투쟁을 벌이기도 한다.

이른바 '흙수저'들은 개천에서 용이 나기는 불가능하다며 일찌감치 체념하고 빗나간 삶을 사는가 하면 끊임없이 남을 탓한다. 자신이 성공하지 못하는 것이 부모 탓, 불공평한 사회 탓으로 돌린다.

자신이 취업을 못하는 것도 부모가 지원을 못해 주기 때문이라고 한

탄한다. 사업도 그렇다. 성공하려면 숱한 시행착오와 실패를 경험해야 한다는 성공한 사업가들의 조언을 믿지 못하고 역경에 처하거나 한번 실패하면 주저앉고 만다.

남아프리카공화국 최초의 흑인 대통령이었던 넬슨 만델라는 27년 동안이나 감옥에 갇혀 있었다. 감옥은 더할 수 없이 열악한 환경이다. 하지만 그는 물을 마실 수 있고, 공기를 마실 수 있고, 하늘을 볼 수 있는 것을 감사했으며, 강제적인 중노동도 자신에게 운동할 수 있는 기회라며 감사했다.

우리가 잘 아는 덴마크의 세계적인 동화 작가 안데르센은 이런 말을 했다.

"생각해 보니 나의 역경은 정말 축복이었다. 가난했기 때문에 〈성냥팔이 소녀〉를 쓸 수 있었고, 못생겼다고 놀림을 당했기에 〈미운 오리 새끼〉를 쓸 수 있었다."

두 작품 모두 불후의 명작이다. 정말 자신의 악조건을 축복으로 바꾼 것이다. 자신의 환경과 여건이 좋아도 오히려 부작용이 있다. 좋은 환경은 사람을 퇴폐적인 욕망에 빠뜨려 방종으로 타락시키기 쉽다. 인간의 진보는 역경과의 투쟁이 가져 온 것이다. 역경이 있고 그것을 이겨 내면서 발전한다.

열악한 환경을 긍정적으로 수용해야 한다. 그리고,

"그래, 나는 온갖 여건이 너무 안 좋아. 그래서 뭐? 그래서 내가 뭘 못한다는 거야?"

하는 배짱과 자신감으로 열악한 환경을 즐겁게 다스려 나가라. 그리하여 열악한 환경이 조금씩 개선돼 나간다면 행복해 질 것이다.

그 다음, 온갖 스트레스다.

스트레스는 정신적 강박관념이다. 스트레스는 정신적으로 압박하고 짓눌러 정상적인 생각과 행동을 방해한다. 스트레스가 전혀 없는 사람은 없다. 아무런 걱정이 없으면 오히려 그게 걱정이라는 말이 있듯이, 스트레스가 없어도 그것이 스트레스가 된다.

어차피 스트레스를 피할 수 없다면 스트레스를 인정해야 한다. 또한 스트레스가 반드시 나쁜 것도 아니다. 사실 적당한 스트레스는 나태해진 자신에게 긴장감을 주고 해소하려는 집중력을 갖게 한다. 그래서 스트레스가 없는 것보다 있는 것이 낫다.

물론 불만이나 분노 같은 사회적 스트레스는 아무런 도움이 되지 않는다. 공연히 감정만 거칠어져 뜻하지 않게 엉뚱한 행동을 하게 돼 자신을 궁지에 몰아넣는 경우가 많다. 불만과 분노가 가득할수록 자기 마음을 가다듬고 평상심을 갖도록 해야 한다.

세 번째 우리가 피할 수 없는 것은 치명적 질병이나 장애에서 오는 정신적, 육체적 고통이다.

이미 중세中世시대 영국의 대문호 세익스피어는 아플 때 우는 것은 삼류이고, 아플 때 참는 것은 이류이며, 아플 때 즐기는 것이 일류 인생이라고 했다. 아픔은 여러 가지다. 질병으로 몸이 아픈 것도 있지만, 슬픔, 불행 등으로 마음이 고통스러운 것도 아픔이다.

어떤 아픔이든 아플 때
즐길 수 있어야
아픔을 극복할 수 있다.

또한 선천적, 후천적으로 자신의 신체에 장애가 있을 수 있다. 장애가 있으면 정상적인 활동이 어려워, 삶이 크게 위축되고 무력감과 열등의식을 갖기 쉽다. 그러면 그럴수록 외톨이가 되기 마련이다.

신체장애가 있다고 해서 정신적 장애까지 있는 것은 아니다. 오히려 당당할 필요가 있다. 물론 설쳐대는 것은 바람직하지 못하지만 정상적인 사람과 다름없는 올바른 의식을 가지고 적극적으로 활동해야 한다.

장애는 누구에게나 있다. 사고방식에 문제가 있을 수 있으며 납득하기 어려운 행동을 하는 것도 장애다. 특히 요즘 충동조절장애, 선택 및 결정장애 등 갖가지 정신적인 장애들이 늘어난다. 신체장애는 신체의 어느 일부분이 남들보다 불편한 것 뿐이다.

피할 수 없으면 즐기라는 것은 지나간 과거의 상황이 아니다. 더욱이 앞으로 다가 올 상황도 아니다. 어디까지나 지금, 오늘, 현재 자신에게 주어진 상황이다.

상황이 좋지 않다고 해서, 현실을 회피한다면 상황개선은 기대하기 어렵다. 현실을 인정하고 그에 적응하라는 것이다. 아울러 좀 더 의욕적이고 적극적으로 악조건들과 맞서서 그것을 이겨내는 용기가 필요하다는 것이다.

오늘을 '특별한 날'이 되게 하기

누구에게나 '특별한 날'이 있다. 예컨대, 이 세상에 태어난 생일, 가정을 이룬 결혼기념일, 부모의 생일이나 제삿날도 특별한 날이다. 배우자의 생일도, 자녀의 생일도 특별한 날이다.

특별한 날은 바꿔 말하면 자기에게 '의미 있는 날'이다. 그렇기 때문에 평범한 보통 날들과는 다르게 행동한다. 가족이나 친구들과 어울려 특별히 즐기고, 연인과 특별한 이벤트를 갖고, 부모의 기일과 같은 특별한 날은 의미를 되새기며 유흥을 삼가고 부모의 은혜를 기리며 신중하게 오늘을 보낸다.

자신에게 특별한 날은 가슴 아픈 기억이나 마음의 상처로 남은 날들도 있겠지만, 대개의 특별한 날들은 좋은 일, 기쁜 일, 보람 있었던 일, 뜻 깊은 일이 있었던 날이다.

우리는 '오늘'을 살 뿐이다. 자신의 오늘, 가장 소중한 오늘을 오래도록 잊을 수 없는 특별한 날이 되게 하고 좋은 날이 되게 한다면 행복할 것이다. 과연 그럴 수 있을까? 얼마든지 가능하다. 자신의 마음가짐에 달렸다.

첫째, 그냥 되는 대로 오늘을 사는 것이 아니라, 먼저 오늘을 계획해야 한다.

의미 있는 일은 우연히 일어나는 것이 아니다. 스스로, 또 적극적으로 그런 좋은 일을 계획하고 실천에 옮겨야 한다. 그런 일을 계획하고 있었다면 뒤로 미루지 말고 바로 오늘부터 실행해야 한다. 사람의 능력은 대부분 엇비슷하다고 한다. 그래서 노력하면 성공할 수 있는데, 성공하지 못하는 사람들을 보면 결론을 못내는 버릇을 가졌다.

"언젠가 하고 말 거야."

"때가 되면 하겠지."

이렇게 질질 끌고 뒤로 미루려는 습성을 버려야 한다. 이런 습성이 모여 성격으로 고착되고 그것은 결국 운명을 결정하게 된다. 게으른 사람이 성공하기는 어렵다. 내일 하려는 일을 당장 오늘 해야 한다. 그래야 특별한 날이 될 수 있다.

둘째, 자신감을 가져야 한다.

자신감은 스스로 자신을 믿는 마음과 긍정적인 마인드에서 나온다. 자기가 자기를 못 믿으면 무엇을 할 수 있겠는가?

"살다 보면 좋은 일이 있겠지."

이러한 안이한 생각, 핑계와 변명, 부정적인 태도는 자기가 자기를 속이는 것이다. 자기를 속이면 결과물도 속임수에 불과하다. 자신을 굳게 믿고, 용기있게 자신의 오늘 계획을 밀어붙여야 한다.

물론 오늘의 계획과 목표에 대한 소신을 가지고 힘껏 밀어붙여도 난관이 생길 때가 있다. 그러면 자신감이 위축되거나, 그것을 핑계로 변명을 하려고 한다.

난관을 이겨내며 자신의 목표를 이루어야 큰 보람이 있고, 더욱 특별한 날이 된다. 일이 제대로 안 풀리는 것도 당연한 과정으로 받아들여야 한다. 앞서 '피할 수 없으면 즐겨라'에 대한 설명이 있었지만 일이 잘 안 풀리는 상황도 즐겨야 한다.

일이 안 풀리면 일을 잘되게 하려고 온갖 궁리를 하고, 그런 과정에서 묘책이 나온다. 그리하여 일이 잘 풀리면 만족감은 더욱 커진다. 그래서 일이 안 풀린다며 멈추지 말고 그런 상황을 즐기라는 것이다. 자신감이 있으면 해 낸다.

셋째, 너무 많은 것을 한꺼번에 하려고 하지 말아야 한다.

의욕이 앞서서 오늘을 계획하는 과정에서부터 많은 것을 해 내려는 경우가 많다. 과욕은 금물이다. 오늘 꼭 해야 할 중요한 것이 무엇인가를 결정하고 한 가지라도 제대로 해 내야 한다. 욕심을 부리다가 한 가지도 제대로 못하면 의욕이 떨어지고 능력부족을 탓하게 된다. 능력이 문제가 아니라 지나친 과욕이 문제가 된다.

넷째, 아무도 가지 않은 길을 가라.

아무도 가지 않은 길을 가라는 것은 자기만의 창의력을 발휘하라는 것이다. 남과 다른 것을 해 내고 그것의 성과가 있으면 남들로부터 가치를 인정받아 큰 보람을 느낀다.

남들을 따라하거나 자기 능력으로 쉽게 해 낼 수 있는 일을 하는 것은 기억에 남지 않는다. 우리가 여행을 하더라도 낯선 곳, 낯선 길을 다녀오면 그것이 기억에 남는다.

되도록 남들과 다른 창조적인 아이디어로 남들이 하지 않은 일, 남들이 하지 못한 일을 해 냈다면, 그것은 도전이며 모험이다. 대단한 용기다. 마침내 그것을 해 낸 오늘이야말로 오래도록 기억에 남는 아주 특별한 날이 된다.

행복의 방정식

'방정식方程式'은 수학용어지만 반드시 수학에만 방정식이 있는 것은 아니다. 우리가 그처럼 갈망하는 행복에도 방정식이 있다. 수학에서의 '방정식'이란 '미지수가 포함된 식式에서, 그 미지수에 특정한 값을 주었을 때에만 성립되는 등식等式'으로 풀이한다.

수학에 소질이 없는 사람으로서는 어려운 얘기지만 '행복'에 대입하자면 행복을 이룰 수 있는 핵심, 행복을 만드는 방식, 행복의 요소, 행복의 조건 등으로 이해해도 큰 무리는 없을 것 같다.

행복은 모든 인간이 추구하는 삶의 가치이기 때문에 수많은 성현들과 철학자, 예술가, 학자, 전문가들이 행복의 본질을 파고들었으며 앞

다투어 행복의 조건들을 내놓았다.

하지만 행복을 몇 마디로 단정 짓기는 무척 어렵다. 서양의 젊은 여성에게 초콜릿을 주었더니 그녀가 "Oh, Thank You! I'm very happy!" 하고 대답했대서 그녀가 말하는 행복이 그녀의 삶을 좌우하는 것도 아니며 일시적인 만족감일 뿐이다. 이처럼 행복에는 일시적, 부분적인 만족감도 있고, 삶을 좌우하는 장기적이고 전반적인 것도 있다.

개인의 행복은 인생관이나 가치관에 따라 다르고, 원하는 것도 달라서 행복을 풀어내는 방정식이 있기 어렵다. 그러나 행복에는 공통적인 조건이나 요소들이 있기는 하다.

자주 얘기하지만, 행복하려면 긍정적인 정서, 몰입, 긍정적인 인간관계가 중요하다. 한마디로 긍정적인 마인드를 가져야 한다. 이것은 근래에 큰 관심을 받는 '긍정심리학'을 창시한 미국 펜실베이니아 대학 마틴 셀리그먼Martin Seligman 심리학 교수가 주장하는 행복의 핵심요소이다.

그는 수도원에서 생활하는 수녀들을 오랫동안 추적 관찰해서 재미있는 사실을 알아냈다. 수도원에서의 생활은 오직 하느님만 섬기도록 엄격하고 절제된 생활을 해야 하며 개인의 자유는 허용되지 않는다.

그런데 이런 가혹하고 엄격한 통제를 받아들이고, 하느님을 섬기는 활기차게 생활을 해 온 수녀들은 90% 이상이 85세가 넘게 장수했다는 것이다. 85세 넘게 산 수녀들 가운데서도 54%는 94세 넘게 장수했다.

별 의욕 없이 산 수녀들 중 85세 넘게 장수한 경우는 34%에 불과했으며 94세 넘게 산 수녀는 11%에 불과했다. 이를 통해 셀리그먼 교수는 긍정적인 마인드가 우리의 삶에 얼마나 큰 영향을 미치는가를 증명했다.

오래 사는 것이 곧 행복을 의미하지는 않지만, 세계적인 장수마을에서 비결을 조사해 보면, 그곳에 사는 사람들은 나이가 많아도 항상 부지런히 무엇인가 일을 한다는 것이다. 낙관적인 마음을 지녀서 항상 미소를 짓고 음식도 맛있게 먹는다는 것이다. 삶에 대한 긍정적인 마인드는 행복의 첫째 조건이라고 할 수 있다.

그 다음은 건강, 그리고 이웃이나 친구가 있어야 행복하다.

정신과 신체가 건강해야 행복하다는 것을 부인하는 사람은 없다. 식생활에도 무척 신경을 쓴다. 조금이라도 몸에 해롭다는 식품은 절대로 먹지 않는다.

젊은이든 노인이든 친구가 필요하지만 나이가 들수록 친구가 있어야 행복하다. 친구는 좋은 대화상대다. 대화할 상대가 없으면 외로움을 느끼고, 외로움은 행복의 적이다. 친구가 없으면 이웃이라도 반드시 대화상대가 있어야 한다.

하지만 여러 행복의 조건들 가운데서, 약 2,500년 전, 고대 그리스 철학자 플라톤이 제시한 행복의 조건을 들어 보자.

1. 먹고 살기에 조금 부족한 듯한 재산

2. 모든 사람들이 칭찬하기에는 조금 부족한 듯한 외모

3. 자신이 생각하는 것의 절반밖에 인정받지 못하는 명예

4. 남과 힘을 겨루어 한 사람은 이기고, 두 사람에게는 지는 체력

5. 연설했을 때, 절반 정도의 박수를 받는 말 솜씨

물론 고대 그리스 시대에 맞는 행복 조건들이지만 오늘날에도 유효하다. 플라톤이 생각하는 행복은 좀 부족해야 행복하다는 것이다.

자신이 지닌 어떠한 능력도 지나치거나 넘치면 교만해지고 남들에게 과시하기를 좋아하게 된다. 자만심, 교만은 행복을 빼앗아 간다. 그뿐 아니라 더 많은 것을 가지려는 탐욕이 생겨 행복을 얻기 어렵다.

행복은 완벽한 상태가 아니라, 점점 성장해 나가고 부족한 것을 채워 나갈 때 채워진다. 오늘, 지금은 자신이 부족하다는 것을 인정하고 겸손해야 행복이 다가온다.

오스트리아의 세계적 정신분석학자이자 심리학자인 알프레드 아들러Alfred Adler는 이런 말을 남겼다.

"오늘의 나의 운명은 지금까지 내가 내린 수백, 수천 번의 결단이 만들어낸 것이다."

그렇다. 아무리 부족하더라도, 오늘 자신의 위치는 그냥 저절로 이루어진 것이 아니다. 오늘에 이르기까지 자신이 내렸던 수많은 선택과 결

정이 오늘의 자신을 만든 것이다. 자신의 부족함을 안타까워 말고 감사하고 겸손해야 한다.

거듭 말하지만, 미래의 행복을 위해 현재, 오늘을 희생하는 것은 무모하다. 오늘부터 조금씩이라도 부족함을 채워 나가야 한다. 오늘을 어떻게 사느냐가 자신의 행복을 좌우한다. 행복은 오늘, 내 곁에 있다.

가장 힘들 때 가장 기뻐하라

사는 게 힘들다. 한 번뿐인 인생이라면 사는 게 즐거워야 할 텐데 힘드니까 즐겁지 못하다. 특히 젊음은 인생에서 가장 즐거운 시기다. 그런데 요즘 젊은이들이 더 살기 힘들다고 아우성이다.

그렇다면 과연 우리가 살기 좋았을 때가 있었을까?

모든 역사를 살펴보면 다 어렵고 힘들게 살았다. 일부 지배계급을 빼놓으면 백성들은 어렵게 살았다. 남자들은 툭하면 전쟁에 끌려갔고, 여자들은 정복군에게 능욕을 당했다. 가뭄이나 홍수로 기근이 들면 앉아서 굶어야 했다.

더 멀리 원시시대로 돌아가 보면 인류의 조상들도 힘들게 살았다.

인류의 원시는 빙하시대로 초목이 메말라 먹거리가 부족했다. 먼저 초식동물들이 먹이를 찾아 떠나자 육식동물들도 먹잇감인 초식동물의 뒤를 따랐다. 수렵과 채집으로 생존하던 인류의 조상들은 힘들었다. 동물들이 떠나고 채집할 식물조차 없으니 굶어 죽을 지경에 이르렀다.

우리 현생인류의 조상인 '호모 사피엔스'도 약 6만 년 전, 먹거리를 찾아 그들이 기원한 아프리카를 떠났다. 10명 내외, 많아야 2, 30명 정도의 가족band 단위였다. 거의 얼음으로 뒤덮인 황량한 대지에서 얼마나 힘들었을까?

그들은 강했다. 오직 먹거리를 찾아 해가 뜨는 동쪽으로 끊임없이 이동했다. 보잘 것 없는 뗏목을 만들어 거센 풍랑이 몰아치는 드넓은 바다를 건너 호주까지 이동했다. 또 다른 무리들은 베링 해를 건너 아메리카 대륙의 끄트머리까지 이동했다. 그리하여 호모 사피엔스는 마침내 지구를 정복했으며 후손들이 대를 이어 우리들을 낳았다. 그러고 보면 힘들 게 사는 것은 우리 인간의 숙명인지도 모른다.

세상살이가 너무 힘이 든들 어찌하랴. 살아야 한다.

이 세상을 떠나면 살기 좋은 낙원, 천국天國이 있다고 굳게 믿는 신앙심이 두터운 사람들은 어서 죽어 천국에 가야 마땅하다. 하지만 그들도 이 험하고 고달픈 이승에서 아등바등하며 살아가려 한다. 살아가려면 '힘들다'는 엄연한 현실을 받아들여야 한다. 힘들다고 주저앉으면 스스로 낙오자가 된다.

수천만 명의 귀중한 목숨을 앗아간 제2차 세계대전이 끝나자 전쟁터였던 유럽은 그야말로 잿더미가 되었다. 살아 남은 사람들은 먹을 것이 없어 고통을 겪었으며 젊은이들은 일자리가 없었다.

젊은이들은 전쟁을 일으킨 당사자들이 아닌 희생자들이었다. 삶에 대한 열정으로 가득차 있어야 할 우리가 왜 이처럼 참담한 현실을 힘들게 살아야 하는가, 그들은 분노했다. 암담한 현실에 분노하며 젊은이들을 살 수 있게 해 달라고 아우성쳤다.

그러나 전쟁으로 경제가 완전히 붕괴됐으니 국가로서도 어쩔 수가 없었다. 젊은이들도 그 사실을 잘 알았다. 분노하던 젊은이들이 마음을 돌려 차츰 국가재건에 앞장섰다. 그들은 온갖 고통을 견더내며 마침내 나라를 일으켜 세우고 경제를 부흥시켰다. 위대한 젊은이들이었다.

우리 젊은이들도 '성난 젊은이'들처럼 암담한 현실을 수용해야 한다. 오히려 너무 힘든 것을 기뻐해야 한다. 왜냐하면 힘들수록 그것을 이겨내려는 강한 동기부여가 생기기 때문이다.

컨설팅 전문가인 한근태 교수가 쓴 〈몸이 먼저다〉에는 이런 대목이 나온다.

"힘들지 않으면 근육은 생기지 않는다. 힘들어야 근육에 상처가 생기고 상처가 아물면서 근육은 성장한다. 부러진 뼈는 붙으면 더욱 강해진다. 회복하는 과정에서 처음보다 더 강하게 된다. 가장 힘들 때 가장 기뻐하라."

이 항목의 제목도 그 대목에서 빌려왔다. 등산을 할 때 낮은 산을 오르는 것보다 히말라야 최고봉들을 오르려면 수십, 수백 배 더 힘이 든다. 자기 목숨을 걸어야 할 만큼 위험하다. 그러나 히말라야 등정에 성공하면 뒷동산을 오르는 것과는 비교할 수 없는 엄청난 기쁨을 얻을 것이다.

우리는 살아가면서 수없는 시련을 겪는다. 하지만 그것을 이겨내면 행복하다. 그러한 역경이 없다면 삶이 오히려 무미건조할 수 있다. 날씨도 그렇다.

맑은 날이 있으면 궂은 날, 바람 부는 날,
비 오는 날도 있어야지 맑은 날만
끊임없이 이어지면 언젠가는 사막으로 변한다.

불행, 힘든 삶도 그것이 지나고 나면 우리를 더욱 강하게 만든다. 또한 그러한 역경을 겪어야 진정한 행복도 알 수 있다. 고난과 시련은 자신을 불로 정제하는 것과 같이 힘들고 아픔이 따른다. 하지만 쇠는 불로 달궈야 원하는 제품으로 바뀔 수 있듯이 역경을 겪어야 강해지고 자신이 원하는 열매를 맺는다.

'가장 힘들 때 가장 기뻐하라.'

빙하시대의 우리의 먼 조상들이 역경을 이겨내고 인류의 시대를 열었듯이, 유럽의 '성난 젊은이'들이 절망적인 상황에서 일어섰듯이, 우리가 힘든 악조건에 놓여 있음을 기뻐하라.

음식을 너무 많이 먹으면 포만감에 젖어 게을러진다. 배가 몹시 고파야 필사적으로 먹을 것을 찾는다. 그처럼 오늘의 암담한 우리 현실을 거꾸로 축복이라고 생각하라.

모든 힘든 것들과 지금부터 당장 용기 있게 맞서라. 아무리 힘들었어도 어제는 이미 지나갔고, 더 힘들지도 모를 내일은 아직 오지 않았다. 우리에게 가장 힘든 날도 오늘이고 가장 기쁜 날도 오늘이다.

스트레스와 함께 떠나는 행복 여행

수많은 정보와 지식들이 홍수처럼 넘쳐나는 이 시대를 사는 우리들은 알아야 할 것도, 지켜야 할 것도, 얻어내야 할 것도 많다. 머리는 복잡하고 몸은 바쁘다. 이런 모든 현대사회의 현상들이 우리에게 끊임없이 스트레스를 준다. 너무 빠른 사회의 변화속도에 적응하지 못해도 스트레스를 받는다.

다른 사람들과의 경쟁도 갈수록 치열해진다. 경쟁에 이겨야 살아 남는다. 경쟁에서 이기지 못하면 낙오자가 되기 쉽다. 이것 역시 생존이 걸린 엄청난 스트레스다.

끝없이 이어지는 경제 침체, 정의가 실종된 사회, 숱한 갈등과 불공평, 불평등으로 가득 찬 혼란스런 사회는 공정한 경쟁을 가로막아 견디기 어려운 스트레스를 준다. 그러한 힘겨운 민생民生을 외면하고 사리사욕에만 집착하는 정치를 보면서 국민 모두가 스트레스를 받는다. 그 밖에 사람마다 사정이 다른 사적私的인 스트레스도 헤아릴 수 없다.

스트레스는 자신의 감정을 옥죄고 짓누르는 강박관념이다. 스트레스는 만병의 원인이다. 스트레스가 쌓여 해소하지 못하면 정서 장애가 생기는가 하면, 불면증, 두통과 같은 신체장애에 시달린다.

스트레스 해소에 도움이 된다는 명상이나 산책, 취미활동도 일시적인 효과는 있겠지만 완전히 해소시키지는 못한다. 스트레스를 잠시 잊는 것뿐, 더구나 저마다 갖고 있는 스트레스의 근본원인을 해결할 수는 없다.

뿐만 아니라 우리가 겪는 복합적인 스트레스는 그런 것으로 완전히 해소될 스트레스가 아니다. 그럼 자신의 가슴속에 가득한 스트레스를 어떡해야 할까?

안타까운 얘기지만 자신의 갖가지 스트레스를 말끔히 해결할 방법은 없다.

우리가 갖고 있는 걱정꺼리의 90% 이상이 사실 쓸데없는 걱정이다. 반드시 해결할 스트레스가 아니라면 그냥 내버려 둘 필요가 있다. 또한 시간이 가면 저절로 해소될 스트레스들도 있다. 그러한 스트레스는 시간에 맡겨라.

그러나 반드시 해결해야 할 스트레스들도 있다. 그런 스트레스들은 적극적으로 나서서 해결해야 한다. 스트레스를 회피하려 하면 상황이 더욱 악화될 수 있다. 절대로 물러서지 말고 가족이나 친지의 도움을 받아서라도 해결해야 한다.

사람마다 다르겠지만, 반드시 해결해야 할 스트레스가 많은 것은 아니다. 그런 스트레스들이 많다면 우선 순위를 정해서 하나씩 차례차례 해결하는 것이 좋다.

무엇보다 중요한 것은 앞에서도 설명했지만 스트레스는 이성적이라기보다 감정적인 억눌림과 긴장감이다. 자신의 감정을 다스리면 웬만한 스트레스는 사라진다. 항상 낙천적이고 긍정적인 마음가짐으로 많이 웃는 것도 도움이 된다.

적당한 스트레스는 긴장감을 줘서 나태함에서 벗어나게 해 주며 문제를 해결하려는 적극적인 의지를 갖게 한다.

스트레스 때문에 더욱 스트레스를 받지 말고, 차라리 스트레스를 즐기는 여유와 지혜가 필요하다.

어떤 의미에서 '행복'도 분명한 스트레스다.

행복을 추구하는 과정은 스트레스의 연속이다. 행복해야 한다는 욕구가 강할수록 스트레스는 더욱 커진다. 행복에 집착하면 행복할 수 없다고 하지 않는가. 행복에 집착하면 그것이 좀처럼 손에 잡히지 않을 때, 늘어나는 것은 스트레스뿐이기 때문에 행복하기 어렵다.

자신의 행복 추구에 전혀 스트레스가 없어서도 안 되겠지만, 집착하지 말아야 한다. 적당한 스트레스와 함께 오늘에 충실하면 그 안에 행복이 있다. 그러한 오늘들이 이어진다면 스트레스와 함께 떠나는 내 인생의 '행복 여행'이 될 것이다.

오늘,
나는
살아 있다

어제는 지나갔고 내일은 아직 오직 않았다. 내일은 어찌될지 아무도 모른다. 분명한 것은 오늘 내가 살아 있다는 사실이다. 오늘 내가 이 세상에 존재한다니, 생각할수록 얼마나 기쁘고 행복한 일인가? 세상이 아무리 힘들고 험해도 자신의 존재가치를 나타낼 무엇인가 이룩하고 말겠다는 의욕과 용기가 저절로 생기지 않는가?

오늘 내가 살아 있다는 것이 뭐가 그렇게 대단한 일이냐? 이 세상 거의 모든 사람들이 살아서 움직이는데 특별히 행복할 이유가 없잖아? 의아하게 생각하는 사람들도 있다. 아니다. 그렇지 않다.

한번 생각해 보라. 내가 탄 비행기가 추락해서 모두 희생자가 됐는데 나만 무사하게 살아났다고 생각해 보라. 자신이 살아 있다는 사실에 눈물을 흘리며 기뻐하지 않겠는가?

드넓은 바다에서 거센 폭풍우를 만나 여객선이 침몰해서 수많은 사람들이 죽거나 실종됐는데 자신은 무사하게 구조됐다고 생각해 보라. 살아 있다는 사실이 행복하지 않겠는가?

자기 자신뿐만이 아니다. 남극이나 북극 같은 극지, 오지를 찾아갔던 탐험가가 실종이 돼서 전 세계가 안타까워하는데 구조대가 살아 있는 탐험가를 발견했다면 놀라움과 기쁨의 환호성을 지르지 않겠는가? 그야말로 살아 있다는 것은 대단한 일이 아닌가?

고대 로마의 유명한 사상가였던 세네카Seneca는 때로는 살아 있는 것조차 용기가 될 때가 있다고 했다. 아무것도 아닌 것 같지만 오늘 살아 있다는 사실은 살아 있기 때문에 내가 무엇인가 할 수 있다는 용기를 준다.

오늘, 틀림없이 살아 있으며 삶에 환희를 느껴야 하는데 현실은 그렇지 못하다. 숱한 부조리와 불합리와 불공평, 끊임없는 갈등, 비이성적인 행위 등에서 오는 삶의 질곡에서 허우적거리며 힘들게 살아간다.

분명히 살아 있지만 살아 있지 않은 것 같은, 때로는 죽은 것이나 다름없이 어렵게 살아간다. 온갖 상실감, 좌절감에 빠져 무력해진 채, 마지못해 연명하는 젊은이들도 많다.

오늘, 내가 살아 있다면 무엇인가 해야 하는데 동물적인 생명만 이어간다면 무슨 의미가 있겠는가?

무력감에서 벗어나 세상을 바꾸는 용기,
자기 자신을 바꾸는 용기가 절실하다.

요즘 '용기'가 사회적 담론이 되는 것도 그 까닭이다.

용기는 우리 인류의 무궁한 발전을 이끈 원동력이다. 가혹한 환경, 열악한 조건들과 맞서 이겨내며 인류는 발전하고 또 발전했다. 끊임없이 침입하는 적들과 맞서 싸워 국가와 민족을 지켜낸 것도 자신의 목숨을 내던진 용기였다.

우리 국가와 사회가 불의不義로 어지러울 때마다 누군가 죽음을 무릅쓰고 용기 있게 나서서 분노하는 국민들을 이끌어 국가와 사회를 바로잡았다. 바른 일이라면 두려움을 떨치고 거대한 힘과도 과감하게 맞서는 것이 용기다.

자신이 살아 있음에 감사한다면 세상이 아무리 어려워도 좌절할 수는 없다. 좌절과 체념은 두려움에서 나온다. 정의롭지 못한 세상을 불평하고 분노하면서도 맞서기가 두렵다. 그뿐 아니라 무력하기 그지없는 자신과도 맞서기가 두렵다. 그 때문에 삶에 열정적이어야 할 젊은이들에게서 용기는 실종된 모습으로 있다.

제대로 되는 것이 없다면 세상을 탓하기보다 자신을 바꿔야 한다. 길이 없는 곳을 헤쳐 나가려면 갖가지 장애물들과 부딪칠 수밖에 없다. 서둘러 다른 길을 찾아야 한다. 그것이 자신을 바꾸는 것이다.

그러자면 용기가 필요하다.

용기를 내겠다고 머리로 생각만 해서는 안 된다. 그것이 자신의 뜨거운 가슴이 되어 피를 들끓게 하고, 절대로 포기하는 일이 없이 계속해서 용기를 발휘해야 한다.

제2차 세계대전 당시 굳건한 용기로 영국을 지켜낸 수상 윈스턴 처칠은 성공은 최종결과가 아니다. 실패도 치명적이지 않다. 중요한 것은 계속할 용기가 있느냐 하는 것이라고 했으며, 전 세계 어린이들에게 꿈을 준 디즈니Walt Disney도 우리가 바라는 모든 것은 계속할 용기만 있다면 모두 이루어진다고 했다.

오늘, 나는 틀림없이 살아 있다. 기쁘고 감사할 일이다. 살아 있다면 무엇인가 사람구실을 해야 한다. 그러기 위해서도 서둘러 용기를 내야 한다. 먼저 자신에게 물어보라.

"나는 용기가 있는가?"

용기를 잃어버렸다면 용기를 찾아야 한다. 그리고 바로 오늘부터 나를 바꿔나가야 한다. 그것이 자신이 진정으로 바라는 행복으로 다가가는 지름길이다.

"씨앗은 씨앗이라는 자기존재를 부정하고 새싹을 내고 꽃을 피운다.

그리고 때가 되면 꽃은 꽃이라는 자신의 존재를 부정하고 열매를 맺게 된다."

19세기 독일 철학자 헤겔Georg Hegel이 남긴 말이다. 씨앗이 씨앗으로 머물러 있으면 참다운 존재가치가 없다. 흙에 묻혀 새싹을 내고, 꽃이 되고 열매가 되는 변신을 거쳐야 한다. 씨앗으로 머물러 있지 마라. 용기 있게 꽃과 열매로 변신하라.

오늘을 행복하게 만드는 어떤 생각들

'인간은 누구나 생각하는 대로 된다.'

이 말은 말은 결코 허튼 소리가 아니다. '생각하는 대로'라는 것은 자신이 그렇게 되기를 바라는 것이다. 그리하여 모든 생각과 행동을 그것에 집중시키다 보면 언젠가는 생각하는 대로 될 수 있다.

이를테면 땀 흘리지 않고 손쉽게 돈을 벌겠다는 생각을 가졌다면 오로지 그 방법만을 궁리하다가 절도, 강도, 사기와 같은 범죄를 저지른다. 또한 어떤 대상이나 특정한 상대를 증오하다 보면 그 증오심이 갈수록 강해져 기어이 살인을 저지른다.

미국의 목사이자 소설가인 조엘 오스틴Joel Osteen은 그가 쓴 〈긍정의

힘〉에서,

"인생은 될 대로 되는 것이 아니라, 자신이 어떤 마음을 갖느냐에 따라 모든 것이 결정된다. 사람은 생각하는 대로 산다. 생각하지 않고 살아가면 살아가는 대로 생각하게 된다."

고 했다.

우리의 뇌는 신기하게도 자동추적장치 같은 것이 있어서 어떤 목표를 정해 주면 그 목표를 향해 자동으로 자신을 유도한다는 것이다. 그래서 좋은 일이든 나쁜 일이든 생각하는 대로 된다는 얘기다.

우리 인간의 뇌는 만물 가운데서 가장 우수한 제품이다. 자신의 목표를 올바르게 세우고 뇌가 그 방향으로 자신을 자동으로 유도해서 목표를 이룰 수 있게 해 준다면 더 바랄 게 없다.

우리들이 지닌 목표의 으뜸이자 공통점은 누구나 행복을 추구한다는 것이다. 행복해지기를 원하고 그것에 생각과 행동을 집중시켜 성취한다면 얼마나 고마운 일인가. 용기 있게 도전해 볼 일이 아닌가.

그러나 행복은 생각만 한다고 해서 성취되지 않는다. 어떤 마음과 어떤 태도로 생각하느냐가 중요하다. 그를 위해 몇 가지 구체적이고 실용적인 방법들을 살펴볼 필요가 있다.

첫째, 낙관적이고 긍정적인 마음가짐이 있어야 한다.

긍정적 마인드를 되풀이해서 얘기하는 것은 중요하기 때문에 강조한다. 할 수 있다고 생각하는 사람은 할 수 있다는 말이 있다. 그러한 긍정적인 마음가짐과 태도가 자신이 원하는 행복에 훨씬 빨리 다가가게 해 준다.

영국의 어느 극작가가 운명은 그 사람의 성격에 의해 만들어진다. 그리고 성격은 그 사람의 생각과 일상생활의 습관에 의해 만들어진다고 했다. 긍정적인 올바른 습관을 가져야 행복이 가까이 다가온다.

둘째, 꿈이 있어야 한다.

원하는 행복이 추상적이어서는 안 된다. 확실하고 구체적인 꿈이 있어야 한다. 20세기 프랑스 최고의 작가로 손꼽히는 앙드레 말로Andre-Georges Malraux는 모든 것은 꿈에서 시작된다. 꿈이 없이 가능한 일은 없다. 먼저 꿈을 가져라. 오랫동안 꿈을 그리는 사람은 마침내 그 꿈을 닮아간다고 말했다.

확실한 목표, 꿈이 있으면 모든 생각과 행동들을 그것을 향하게 하고 하루하루 가꿔나가면서 자신의 꿈을 닮아간다. 목표와 꿈이 차츰 그려진다.

셋째, 자기가 하는 일을 즐겨라.

자기가 하고 싶은 일, 좋아하는 일을 해야 한다. 그럴수록 활기와 의욕이 넘친다. 영국의 역사학자 버트런트 러셀은 우리가 하는 일에 대해 분명히 말했다.

"행복하다는 사람들을 자세히 살펴보면 공통적으로 지닌 것이 있다. 그 가운데 가장 중요한 것은 그들이 하는 일이다. 일은 그 자체로도 즐거울 뿐 아니라 그것이 쌓여 점차 우리 존재를 완성하는 기쁨의 근원이 된다."

자신이 좋아서 하는 일은 기쁘고 즐겁다. 미국의 어느 저명한 컨설턴트는 진심으로 자기가 좋아서 하는 일은 아무런 대가를 받지 않아도 즐겁게 일할 수 있을 정도가 돼야 한다고 했다. 이미 소개했지만 발명왕 에디슨이 '나는 평생 단 하루도 일하지 않았다. 재미있게 놀았다.'고 할 만큼 자기가 하는 일이 즐거워야 한다. 그러면 그런 일을 하고 있는 것만으로도 행복하다.

넷째, 행복한 자신의 모습을 상상하라.

자신이 바라는 행복이 이루어졌다고 상상해 보라. 가슴이 벅차다. 비록 오늘, 자신이 바라는 행복이 이루어지지 않았더라도 행복을 성취한 자신의 모습을 상상하는 것만으로도 즐겁다.

앞서 인간은 누구나 생각하는 대로 된다고 했다. 상상도 생각이다. 자신의 행복한 모습을 날마다 상상하면, 그러한 행복을 닮아가고 그러한 행복이 이루어질 수 있다. 행복한 자신의 모습을 상상하는 것만으로도 오늘이 행복하다.

다만 한 가지 경계할 것은 탐욕이 있어서는 안 된다. 탐욕은 행복을 가져오지 못한다. 재벌을 능가하는 억만장자가 되고, 부와 권력과 명예를 모두 지니고 남들 위에 군림하며 명령과 지시만 하면서 살고 싶다는 탐욕은 과대망상이다. 상상은 자유지만 과욕으로 망상에 빠지면 절대로 행복할 수 없다.

프랑스의 위대한 작가였던 알베르 카뮈도 '행복을 잃기는 무척 쉽다. 왜냐하면 행복은 언제나 분에 넘치는 것이기 때문'이라고 했다. 절대로 탐욕을 없애야 한다.

다섯째, 자신이 원하는 순위를 정하라.

자신이 행복하려면 반드시 성취하고 싶은 것들의 순위를 정하라. 모든 것이 한꺼번에 이루어질 수는 없다. 모든 것을 성취하고 싶어 한다면 그것도 탐욕이다. 자신이 원하는 어느 것 한 가지라도 이루어진다면 그것으로 얼마든지 행복하다. 많은 것을 한꺼번에 가지려면 아무것도 갖기 어렵다.

자신이 원하는 것들 가운데 가장 이루고 싶은 0순위를 정하고 그것을 위해 생각과 행동을 집중해야 한다.

여섯째, 불행과 역경을 두려워하지 마라.

오늘이 온갖 시련으로 힘들고 불행으로 가득해도 행복해질 수 있다.

진정한 행복을 얻으려면 불행과 역경도 겪어야 한다. 그래서 19세기 독일의 철학자 쇼펜하우어는 "불행은 행복이 먼저 보낸 사신이다."라고 했다. 삶에는 고통이 따르기 마련이며, 행복이란 고통을 잊는 것이라고도 했다. 우리가 겪는 삶의 고통은 너무나 당연하다. 잠시라도 삶의 고통을 잊을 수 있다면 행복한 것이다. 바로 오늘이 그런 날일 수 있다.

어느 누구도 자신의 행복이 먼 훗날에 와 주기를 바라지는 않는다. 지금 내가 살아 있는 오늘도 행복해지고 싶다. 그것이 바람직한 생각이다. 하지만 하늘에서 떨어지듯이 저절로 오지 않는다. 오늘이 행복해지고 싶다면 무엇을 해야 할 것인가 생각하며 자신의 삶을 스스로 만들어 가야 한다. 행복도 결과가 아니라 행복을 찾아가는 과정에 있다.

Part 3

그가 말했다. "오늘을 사랑하라"

Love for today

찰스 스펄전 "지금 하십시오"

우리는 '희망'이라는 이름으로 내일을 기대하며 살아간다. 나의 내일은 오늘보다 더 나을 것이라는 희망을 가지고 살아간다. 하지만 희망은 꿈일 뿐 예약된 것이 아니다. 내일은 오늘과 다르고 오늘보다 더 나을 것이라는 보장은 전혀 없다. 오히려 오늘보다 더 나쁠 수도 있고 내일은 내가 이 세상에 없을지도 모른다.

아니, 그보다 분명한 것은 내일도 결국은 오늘이다. 오늘밤이 지나가고 오늘이 지나 새로운 날을 맞이해도 역시 오늘이다. 우리의 삶은 내일이 있는 것이 아니라 영원히 오늘이 이어질 뿐이다.

우리는 자신의 내일 때문에 울고 웃는다. 오늘 해야 할 일을 내일로 미루는 것은 예사이고, 자신의 내일이 암울하다며 지레 짐작하고 좌절하거나 자포자기해서 오늘을 그르친다.

인간이면 누구나 행복을 추구한다. 행복이란 무엇인가? 자신의 삶이 만족스럽고 보람 있으면 행복하다. 그럼 행복감은 언제 느끼는가? 바로 지금, 오늘이다. 오늘 하루가 알차고 보람 있고 만족스러우면 행복하다. 그런 행복한 오늘이 하루하루 이어져 가면 인생이 행복한 것이다.

벨기에 상징주의 작가 모리스 메테르링크Maurice Maeterlinck의 〈파랑새〉를 우리는 안다.

남매인 치르치르와 미치르는 크리스마스 날 밤, 꿈속에서 파랑새를 찾아 과거의 나라에도 가 보고, 미래의 나라에도 가 보고, 죽음의 나라에도 가 본다. 하지만 파랑새를 찾지 못하고 집으로 돌아온다. 그런데 집에 있는 조롱속의 새를 보면서 그 새가 바로 파랑새임을 알게 된다는 내용이다. 이 작품에서 파랑새는 '행복'을 상징한다.

행복은 예약되지 않는다. 행복은 어느 날 갑자기 찾아오는 것도 아니며, 어딘가 멀리 있는 것도 아니다. 행복은 지금, 오늘에 있으며 아주 가까이, 바로 내 곁에 있다.

치르치르와 미치르는 마침내 깨닫는다.

"우린 아주 멀리 갔었어. 그런데 파랑새가 여기 있었다니!"

'파랑새 증후군Bluebird Syndrome'이라는 정신질환이 있다. 메테르링크의

〈파랑새〉에서 유래한 이 질환은 내일(미래)의 행복만을 꿈꾸며 현실에는 관심이 없는 과대몽상의 정신적 질환을 말한다.

이 정신질환은 주로 부모의 과잉보호를 받으며 자라나 정신적 성장이 다른 사람보다 늦은 사람들에게서 나타난다고 한다. 이들은 현실에도 만족하지 못해 욕구불만, 갈등, 스트레스 등의 심리적 불안이 커서, 따돌림을 당하거나 감정조절장애로 빗나간 행동을 저지르기 쉽다고 한다.

행복은 멀리서 찾으려는 헛된 꿈보다 오늘, 현실에 충실해야 찾을 수 있다. 행복은 내 곁에 있다. 자신에게 부족한 것이 있다면 하루하루 그것을 조금씩 채워가는 것이 행복이다.

지금 하십시오

할 일이 생각나거든 지금 하십시오.
오늘 하늘은 맑지만
내일은 구름이 보일지 모릅니다.
어제는 이미 당신의 것이 아니니 지금 하십시오.

친절한 말 한 마디가 생각나거든 지금 하십시오.
내일은 당신의 것이 안 될지도 모릅니다.
사랑하는 사람이
언제나 당신 곁에 있지는 않습니다.

사랑하는 말이 있다면 지금 하십시오.
미소를 짓고 싶거든 지금 웃어 주십시오.
당신의 친구가 떠나기 전에 장미가 피고 가슴 설렐 때
지금 당신의 미소를 주십시오.

불러야 할 노래가 있다면 지금 부르십시오.
당신의 해가 저물면
노래를 부르기엔 너무나 늦습니다.
당신의 노래를 지금 부르십시오.

스펄전의 〈지금 하십시오〉가 우리에게 큰 공감을 준다. 오늘 해야 할 일을 내일로 미루지 마라. 내일은 없다. 누구에겐가 할 말이 있다면 미루지 말고 지금 하라. 진정으로 사랑하는 사람이 있다면 '사랑해!'라는 말을 자꾸 미루지 말고 지금 당장 하라. 그렇다. 사랑하는 사람이 항상 곁에 있는 것은 아니다. 언젠가 불현듯 내 곁을 떠날지 모른다. 그 때는 후회해도 늦는다.

누구에겐가 따뜻한 미소를 보이고 싶다면 지금 웃어라. 기쁜 일이 있다면 지금 기뻐하라. 웃음과 기쁨은 현재진행형이다. '내일 웃겠다' '내일은 기쁠 것이다'라는 말은 있을 수 없다. 해야 할 것들이 있다면 지금, 오늘 하라.

찰스 스펄전Charles H. Spurgeon은 19세기 영국의 복음주의 설교자였으며 사회사업가였다. 침례교 목사로서 무려 62권의 설교집을 남겼으며 그 밖에도 140여 권의 저서와 28권의 편집저작물 등 모두 200권이 넘는 저서를 남겼다.

그는 평생 통풍 등의 질병에 시달리면서도 복음을 전하는 일을 멈추지 않았으며 영국 국민들에게 큰 감명과 공감을 주었다. 그가 57살로 삶을 마감했을 때는 종파를 떠나 모든 종교인들과 영국 국민들이 애도했다. 그의 장례식에는 약 10만 명이 운집했고 장례행렬은 3킬로미터나 이어졌다. 그가 영국 국민들의 삶에 얼마나 큰 정신적 영향을 주었는지 충분히 짐작하게 한다.

위의 〈지금 하십시오〉는 스펄전의 시다.

"내가 지배할 수 있는 세상은 과거도, 미래도 아닌 바로 현재, 지금이다."

이 말은 바로 이 책에서 말하고자 하는 주제이자 콘셉트이다.

죽은 시인의 사회 "지금, 이 순간을 놓치지 마라"

미국 작가 N.H. 클라인바움Kleinbaum이 쓴 〈죽은 시인의 사회Dead Poets Society〉는 가슴이 뭉클해지는 작품으로 전 세계에서 베스트셀러가 됐었다. 이 작품을 원작으로 1990년 같은 제목의 영화가 만들어져 더 큰 감동을 주었다.

더욱이 작품 속의 상황이 입시 위주의 일방적인 주입식 교육에 대한 저항이랄까, 비판이 우리의 교육환경과 너무나 비슷해서 우리들이 크게 공감했으며 교육환경의 모순을 크게 우려했던 기억이 난다.

미션스쿨인 '웰튼 아카데미'는 100년이 넘는 유구한 역사와 전통을 지닌 명문 고등학교다. 이 학교의 교육목표는 철저하고 엄격한 규율과 통제, 강압적이고 일방적인 주입식 교육을 통해서 '아이비 리그'를 비롯한 미국의 명문대학에 진학시키는 것이다.

이를테면 영재 학교이며 마치 사관학교와 같다. 지금까지 졸업생의 70% 이상을 명문대학들에 진학시켜 학부모들의 신뢰가 대단하다. 재학생들은 규율을 벗어나지 못하게 모두 기숙사 생활을 한다.

신학기를 맞아 교사 존 키팅이 자신의 모교이기도 한 이 학교로 새로 부임해 온다. 그런데 키팅의 지도방법이 파격적이고 자극적이었다. 문학의 이론과 비평을 가르쳐야 했지만 그는 문학과 실제적인 삶을 연결시키려고 했다.

수업시간에 학생들 앞에서 교과서를 찢어버리고, 운동장에 나가 공을 차게 하는가 하면, 교과 내용과 상관없이 학생들에게 자기가 좋아하는 시를 발표하게 하는 등, 어찌 보면 자기 멋대로였다. 그러면서 키팅은 학생들에게 자기 자신의 감정과 현재에 충실할 것을 강조했다.

학생들로서는 당황하지 않을 수 없었다. 끊임없이 계속되는 시험공부가 걱정될 뿐 아니라, 익숙해진 엄격한 규율과 수업방식에서 완전히 벗어나는 것이어서 혼란과 갈등에 휩싸였다. 키팅의 수업방식에 공감하기 시작하는 학생들도 있었지만 불평하는 학생들도 있었다. 학교에 항의하는 학부모도 있었으며 교장을 비롯해서 학교 측에서도 전통을 벗어난 키팅의 교육태도를 크게 우려했다.

그러나 키팅은 학교 측과 학부모에게 시달리면서도 자신의 수업방식을 굳게 지켜나간다. 그런 가운데 동조하는 학생들이 차츰 늘어났으며, 그가 이 학교 출신이라는 사실을 알고 옛날 앨범들을 뒤져서 키팅의 모습을 찾아낸다. 그리고 그가 〈죽은 시인의 사회〉라는 고전문학 서클(동아리)의 리더였다는 사실도 알아낸다. 키팅을 따르는 제자들은 그 동아리를 되살리기로 결정하고 키팅의 동의를 받아낸다.

이들이 중심이 되어 셰익스피어의 작품 〈한 여름밤의 꿈〉의 연극공연을 준비한다. 학생들은 신바람이 나서 열심히 연습을 하며 점점 연극에 빠져든다. 이 사실을 알게 된 학부모들의 반대가 극심했다. 특히 닐이라는 학생은 그 때문에 고민하며 키팅과 상담한다.

"선생님, 지금 저에게는 연극이 전부입니다. 또한 지금까지 해 본 적이 없는 단 한 가지 꼭 하고 싶은 것입니다. 그런데 아버지는 제가 장차 의사가 되기를 바라면서 필사적으로 반대하시거든요."

키팅이 대답한다.

"지금 나에게 한 말을 그대로 아버지한테 전하고,
열정을 보여 허락을 받아 내거라."

다행스럽게 닐은 아버지의 허락을 얻어냈다. 그리고 마침내 연극공연이 성황리에 끝났다. 학생들은 물론, 학부모들도 크게 기뻐하며 연극을 칭찬했다. 하지만 닐의 아버지가 문제였다. 마지못해 허락했기 때문에 오지 않을 줄 알았던 아버지가 슬그머니 나타나서 연극을 본 것이다. 그는 연극을 무척 못마땅하게 생각하며 닐에게 으름장을 놓았다.

"당장 연극을 그만둬. 의사가 되어야 할 녀석이 연극은 무슨 연극이야? 당장 그만두지 않으면 군사고등학교로 전학시킬 테니까 각오해라."

갈등하던 닐은 결국 아버지의 서재에서 권총으로 머리를 쏴 자살함으로써 짧은 삶을 끝낸다.

빼어난 미래의 인재들만 모인 영재학교에서 자살사건이 일어나다니, 충격적인 사건이었다. 학교가 발칵 뒤집혔다. 닐의 아버지는 책임을 남에게 전가시키려고 안간힘을 다했고, 교장은 학교의 명예를 지키기 위해 외부에 사건을 감춘 채, 희생양을 찾았다.

당연히 키팅이 지목되었고, 닐의 자살을 그의 책임으로 몰아갔다. 교사들도 동조했고 학부모들까지 끌어들이는가 하면, 학생들에게도 키팅의 책임이라는 데 동의한다는 서명을 받기 시작했다. 키팅은 해고 위기에 놓였다.

수업시간, 키팅은 변함없이 학생들에게 자신이 좋아하는 시를 낭독해 보라고 한다. 한 학생이 시를 읊는다.

장미꽃 봉오리를 따려거든 지금
시간은 언제나 말없이 흐르고

오늘 이렇게 활짝 핀 꽃송이도
내일이면 시들어버릴 것이니라.

키팅이 말한다.

"장미꽃 봉오리를 따려거든 지금! 이 감정이 '카르페 디엠Carpe Diem'이다. 지금 이 순간을 즐겨라. 오늘을 즐겨라. 자신의 인생을 헛되이 낭비하지 마라!"

키팅은 졸업생들의 앨범을 펼쳐들었다. 졸업생들은 사진 속에서 모두 웃음 띤 표정들이었다.

"자, 보라. 저 웃음이 어디에 남아 있을까? 그들이 꿈꾸던 희망은 어디 갔을까? 한 평생 소년시절의 꿈을 마음껏 펼쳐 본 사람이 몇이나 될까? 아마 대부분 지난 세월을 아쉬워하며 세상을 떠나 무덤 속으로 사라졌을 것이다. 능력이 없어서? 시간이 없어서? 아니다. 성공이라는 전지전능한 신을 정신없이 뒤쫓느라고 소년시절 품었던 꿈을 헛되이 써버리고 말았다."

마침내 키팅의 반강제적인 해고가 결정되었다. 그가 맡았던 '문학의 이해'는 교장이 맡아서 학교의 전통적인 수업방식 그대로 딱딱하고 엄격하게 강의했다. 키팅이 자신의 짐을 챙기려고 교실에 들어섰다. 학생들이 동요했다.

다른 학교에서 전학 오고 내성적이고 잘 어울리지도 못하던 토드라는 학생은 키팅의 도움으로 쾌활하고 적극적으로 변해 있었다. 그가 갑자기 책상에 올라서서 외쳤다.

"우린 억지 강요로 키팅 선생님의 해고에 사인할 수 없습니다!"

학생들이 일제히 함성을 지르며 책상 위에 올라서서 키팅을 향해 외쳤다.

"캡틴, 오 마이 캡틴(Captain, Oh My Captain)!"

"얘들아, 고맙구나, 정말 고맙다."

키팅은 그렇게 제자들에게 떠받쳐 학교를 떠난다.

'캡틴'은 어떤 집단이나 무리의 우두머리, 리더, 지도자를 가리키는 말이다. '캡틴, 오 마이 캡틴!'은 19세기 미국의 국민 시인이었던 월트 휘트맨이 링컨에게 바친 시의 제목이다.

인간은 기계의 부속품이 아니다. 저마다 개성이 있고, 능력이 다르고, 꿈과 희망이 다르다. 그럼에도 획일적으로 교육하고 훈련하는 것은 개인의 능력과 개성, 꿈과 목표를 말살하는 행위다.

키팅은 그것에 반기를 든 것이며, 학생들에게 눈부시게 찬란하고 아름다운 인생을 가르치려고 했다. 거부할 수 없는 체제와 엄격한 규율에 짓눌려 있던 저마다의 개성과 에너지를 이끌어내려고 했다. 그는 제자들에게 '특별(독특)하게 살아라!' 하고 외쳤다.

기계부속품이나 다름없었던 학생들은 비로소 자유를 찾고 자신의 진정한 가치를 찾을 수 있었기 때문에 키팅에게 열광했다. 선생님들과 부모의 강요로 자신이 원치 않는 진로를 선택하고 무조건 일류대학에 가야 성공한다는 그릇된 가치에 매달렸던 학생들이 진정한 삶의 가치를 알게 된 것이다.

'지금 이 순간을 즐겨라!'라고 하는 것은 일, 학업 등을 모두 내팽개치고 마음껏 술 마시고 춤추며 놀아라 하는 것이 아니다. 자신의 에너지를 끌어내서 오늘에, 막연한 미래보다 현실에 충실하라는 것이다. 진정으로 자신이 원하는 것을 한다면 그 순간이 즐겁지 않겠는가.

키팅은 제자들에게 이렇게 말했다.

"자신의 꿈에 대한 굳은 신념을 가지고 달려간다면 그 사람은 뜻하지 않은 곳에서 놀랄 만한 성공을 거두게 될 것이다."

내일이 아니다. 오늘부터 자신의 꿈에 대한 굳은 신념을 가지고 달려가라는 것이 아니다. 내일은 희망의 꽃이 시들지도 모른다. 바로 오늘이다. 오늘, 자신의 꿈을 향해 열심히 달려야 한다. 그러한 오늘들이 이어지면 마침내 꽃봉오리를 피우고 성공하는 '오늘'을 맞는다.

사무엘 베케트 '고도를 기다리며'

올해(2016) 4월 초, 중국에 있는 북한 식당 종업원 13명이 탈북해서 자유를 찾아 우리나라에 집단 귀순했다. 거의 젊은 여성들인 이들의 모습이 담긴 사진이 매스컴에 공개돼 눈길을 끌었다.

이들의 의상이 최신 패션의 아웃도어와 스키니 바지를 입고 있어 북한 여성답지 않게 세련된 모습이었다. 몸에 꼭 끼는 스키니 청바지를 입은 여성도 있었다.

청바지, 블루진!

북한에서는 외국인을 빼놓고는 청바지를 입은 주민을 볼 수 없다. 그들은 청바지를 입을 수 없다. 청바지는 아주 튼튼한 캐주얼로 남녀노소

가리지 않고 사시사철 아무 때나 입을 수 있는 바지다.

아무리 구겨져도 다릴 필요가 없으며 때가 타도 별 상관없다. 찢어지고 헤어진 청바지를 입어도 멋있는 패션이 된다. 일부러 천을 찢어서 만든 청바지가 상품으로 팔린다. 실용적이고 편리한 바지가 청바지다. 그런데 북한에서는 왜 청바지를 못 입을까?

북한뿐 아니라 지난 날, 사회주의 국가들에서는 청바지를 입을 수 없었다. 그들 국가가 일제히 개혁과 개방으로 체제가 무너졌을 때, 러시아의 젊은 여성들은 가장 먼저 청바지를 얻기 위해 자신의 몸까지 제공했다.

'인터걸'로 잘 알려진 사회주의 국가 젊은 여성들이 서방 자유주의 국가에 진출해서 성매매에 뛰어든 것은 돈을 벌기 위해서지만 그보다 먼저 청바지를 구입하기 위해서였다.

그처럼 젊은이들이 열망하는 청바지를 사회주의, 공산주의 국가들에서는 왜 못 입게 했을까? 청바지에는 '내 뜻대로' '내 마음대로'라는 개인주의가 깃들어 있다. 바꿔 말하면 청바지는 '자유'를 상징한다. 획일주의, 집단주의를 표방하는 사회주의 국가에서는 용납할 수 없는 것이 개인의 자유다.

또한 청바지는 개인의 능력과 경쟁을 존중하는 자본주의의 상징이다. 국가가 주도하는 획일적인 공산주의 국가에서 자신들의 체제와 정반대인 자본주의 상징을 받아들일 수 없다. 지난 날, 사회주의 국가 젊은이들이 청바지를 열망했던 것은 자유에 대한 열망이었다.

이제 획일적이고 폐쇄적인 사회주의, 공산국가는 지구상에서 오직 북한뿐이라고 해도 과언이 아니다. 더구나 북한은 전제주의 국가와 같은 김일성 세습왕조 집단이다. 가혹한 감시와 통제가 없으면 곧바로 무너질 집단이다.

지난 날, 사회주의 국가들이 경제 파탄으로 모조리 무너졌듯이, 북한도 심각한 경제난에 시달리고 있다. 북한 주민들의 '오늘'은 굶어 죽는 주민들이 속출할 정도로 비참하기 그지없다. 그럼 북한 체제는 무엇으로 유지되는 것일까?

김일성 세습왕조가 김일성, 김정일, 김정은의 대를 이어 내세우는 것이 '내일'이다. 이미 김일성 시대에 '조금만 고생하고 버티면 이팝(쌀밥)에 고깃국을 먹을 수 있다.'며 내일의 희망을 내세웠다. 하지만 오늘날까지 조금도 달라진 것이 없고 오히려 더 어려워지고 있다.

김정일, 김정은 체제에서도 여전히 '조금만 더 고생하면 잘 살 수 있다'는 '내일'을 내세워 선전, 선동하면서 이른바 '속도전'이니, '00전투' '70일 전투' 등의 구호를 외쳐대며 주민들이 조금이라도 딴 생각을 하거나 불평할 겨를을 주지 않고 몰아붙인다.

북한 주민들은 모두 배불리 먹고 잘 살 수 있다는 내일을 무턱대고 기다리며 고달픈 '오늘'을 살아간다. 하지만 그들에게 '내일'은 없다. 그들 체제가 내세우는 희망이 넘치고 행복한 내일은 결코 오지 않는다.

〈고도를 기다리며〉는 아일랜드 출신으로 프랑스에서 활동했던 부조리不條理 연극의 극작가 사무엘 베케트Samuel Beckett의 희곡으로 우리나라에서도 여러 차례 공연됐다. 극단 〈산울림〉의 고정 레퍼토리이다.

이 작품은 '의미를 전혀 찾을 수 없는' 부조리 연극답게 구체적인 내용이 없다. 처음부터 끝까지 무작정 '기다림'만 있을 뿐이다. 그렇다고 무엇을 기다리는지, 그조차 잘 알 수 없다. 베케트는 그것이 우리의 삶이라고 암시하는 듯하다.

무대도 아주 간단하다. 앙상한 나무 한 그루가 서 있는 언덕 밑이 무대의 전부다. 떠돌이 방랑자들인 두 남자가 나무 아래서 고도를 기다린다. 마치 반드시 그들을 찾아 올 것 같은 어느 인물로 여겨지지만 '고도Godot'라는 알 수 없는 존재는 God, 즉 신神(구세주)을 상징한다고 말하는 사람들이 많다. 하지만 고도는 인간의 희망, 행복, 미래(내일)의 기대감에 대한 상징일 수 있다.

두 남자는 오늘이 아니라 이미 오래 전부터 고도를 기다리는 것 같다. 그들은 고도가 반드시 올 것이라고 굳게 믿으며 무작정 기다린다. 고도가 나타나면 모든 것이 끝날 것 같은 희망을 갖고 있지만 고도가 누구인지 관객들은 알 수 없다.

그들은 끊임없이 지껄이지만 별 의미 없는 말들이다. 또한 그들은 끝없는 기다림의 지루함을 달래고 자신들이 살아 있다는 사실을 실감하기 위해 온갖 짓을 다한다.

서로 쓸데없는 질문을 주고받고 터무니없는 욕을 하거나, 운동을 하거나 장난을 치고, 춤을 춘다.

그러나 고도는 여전히 오지 않는다. 또 하루가 지나가고 그들이 초조함과 기다림에 지칠 무렵이면 소년이 나타나 고도의 메시지를 전한다.

"오늘은 못 오신대요. 내일은 꼭 오신대요."

하지만 그 다음 날도 똑같은 상황이 반복될 뿐이다. 그래도 그들은 하염없이 고도를 기다린다. 고도는 반드시 나타날 것이라는 희망을 포기하지 않는다. 물론 고도는 영원히 오지 않는다.

이렇다 할 줄거리도 없이 의미 없는 두 남자의 지껄임만 이어지는 하염없이 고도를 기다리는 연극은 관객들도 무척 지루하다. 그러나 상황에 빠져들면 그 의미가 가슴을 파고든다.

어찌 보면 건조하기 그지없는 우리의 삶, 고달픈 인간의 삶을 지탱해주는 것은 빛나는 내일에 대한 기다림(기대감)이다. 무엇을 기다리는지 정확히 모르면서 끊임없이 기다리며 살아가는 인간의 삶을 숨김없이 노출한다.

희망이나 행복은 무턱대고 기다리면 성취할 수 없다. 고도처럼 결코 반드시 오는 것도 아니다. 자신의 행복은 바로 '오늘'에 달려 있다. 자신의 오늘을 무엇으로, 어떻게 가득 채우느냐에 달려 있다. 하루가 만족스럽고, 그런 오늘이 이어지면 행복한 삶이다.

"인생은 흘러가는 것이 아니라 채워지는 것이다.
우리는 하루하루를 그냥 보내는 것이 아니라
내가 가진 무엇으로 채워나가는 것이다."

영국의 저명한 사회 사상가였던 존 러스킨John Ruskin의 말이다.

내일은 오늘과 다를 것이라는 막연한 기대감으로 기다리고, 아무런 의미 없이 오늘을 흘려보내면 삶은 건조하고 지루하기 짝이 없다. 여생을 보내는 노인들이 하루를 무척 지루해 하는 것도 의미없이 하루하루를 흘려보내기 때문이다.

하루를 가득 채워라. 존 러스킨이 지적했듯이, 자신이 가진 무엇, 즉 자신의 꿈과 목표를 위해, 자신이 추구하는 행복을 위해 오늘 하루를 빈틈없이 채워 나가라. 오늘이 행복하면 자신의 삶이 행복하고 활기에 넘친다.

무릇 우리 인생이 그렇더라도 정처없이 흘러가면 격랑에 휩쓸려 부서지고, 바윗돌에 부딪쳐 깨어지기 마련이다. 뚜렷한 목표를 세우고 오늘 당장 실천에 옮겨라. 이 세상에 태어나서 하숙생으로 살지 말고 주인이 돼라. 자기 인생의 주인은 바로 자기 자신이다.

글로리아 밴더빌트 '동화'

글로리아 밴더빌트Gloria Vanderbilt는 우리에게 익숙한 이름은 아니다. 하지만 미국에서는 꽤나 유명한 여성이다. 시인, 작가, 화가, 디자이너, 사회사업가 등, 다재다능한 활동과 빼어난 미모로 전성기 때에는 유명한 스타들과 끊임없이 염문을 뿌렸던 화제의 여성으로 더욱 유명했다. 지금도 92세로 여전히 사회활동을 계속한다.

우리가 그녀를 잘 모른다고 하지만, 학창 시절 그녀의 시詩를 암송하거나 수첩에 적어놓았던 사람들이 많다. 그녀의 대표적인 시가 '동화Fairly Tale'이다.

옛날에 날이면 날마다 매일같이
내일은 오늘과 다르기를 바라며
살아가는 한 아이가 있었네.

There once was a child
living everyday
expecting tomorrow
to be different today

이 짧은 시가 글로리아 밴더빌트의 '동화' 전부다. 무척 짧고 영문으로든 우리말로든 외우기 쉬워 학생들이 암송하거나 적어놓았던 시다. 시라기보다 하나의 짧은 문장 같은 이 시가 왜 그렇게 유명할까? 어쩌면 많은 청소년들의 소망과 꿈이 담겨 있기 때문이다.

이 시에서 '한 아이'는 글로리아 자기 자신이다. 그러면 그녀가 어린 시절부터 소망했던 '오늘과 다른 내일'은 이루어졌을까? 그녀는 행복한 삶을 살았을까?

글로리아 밴더빌트는 어린시절부터 아주 많은 것을 가진 소녀였다.

일찍이 네덜란드에서 미국으로 이민 온 밴더빌트 가家는 미국에서 손꼽히는 가문이었다. 그의 부친은 당시 미국의 세 번째 부자였다. 첫째 부자가 석유왕 록펠러, 둘째가 강철왕 카네기 그리고 셋째가 그녀의 부친인 윌리엄 밴더빌트였다.

그는 해운업, 철도사업 등으로 큰돈을 벌어 철도왕 또는 수송왕으로 불렸다. 철도사업에서 노동자들을 착취했다는 비난도 들었지만 테네시주 내슈빌에 밴더빌트 대학교를 세울 정도로 명문가였다. 이 대학은 미국 남부의 하버드 대학으로 불릴 만큼 명문대학이다.

글로리아 부친은 그녀가 겨우 두 살 때 세상을 떠났다. 그녀는 400만 달러의 유산을 받았다. 1920년대 당시로서는 엄청난 거액이었다. 하지만 부친의 막대한 유산상속을 놓고 그녀의 어머니와 고모들 사이에 치열한 법정다툼이 벌어졌고, 글로리아는 그녀의 고모들과 함께 유럽에서 살게 됐다. 어머니의 남자관계가 너무 복잡하다는 법원의 판단에 따른 것이다.

성장기를 유럽에서 보낸 글로리아는 매일같이 내일은 오늘과 다르기를 소망했을지도 모른다. 그녀의 '오늘'은 안정적이지 못했다. 물질적으로는 부족함이 없었지만 풍부했던 감성이 흔들린 것이다. 그녀는 빼어난 미모로 남자들의 관심을 끌자 사랑에 매달렸다. 오직 사랑만이 그녀의 전부였다. 고모들의 심한 질책에도 오직 사랑을 좇았다.

글로리아는 불과 17세에 할리우드의 영화 제작자와 첫 결혼을 했다. 첫 결혼? 그럼 결혼이 한 번이 아니란 말인가? 그렇다. 그녀는 첫 남편과 4년을 함께 하고 이혼했다. 그리고 두 번째는 오케스트라 지휘자와 결혼해서 10년을 살았고, 세 번째는 영화 감독과 결혼해서 8년을 함께 했다.

마지막 남편은 시나리오 작가 와이엇 쿠퍼였다. 1963년 40세 때 그와 네 번째 결혼하면서 그녀의 사랑에 대한 열망은 비로소 안정을 찾는 듯했다. 하지만 불행하게도 마지막 남편 쿠퍼는 심장수술을 받다가 죽고 말았다.

와이어 쿠퍼와의 사이에는 두 아들이 있었다. 그런데 큰 아들이 엄마인 글로리아가 필사적으로 말리는데도 그녀가 보는 앞에서 14층 아파트에서 뛰어내려 투신자살했다. 그녀의 상실감은 말할 수 없이 컸다. 둘째 아들 앤더슨 쿠퍼는 CNN의 인기 앵커로 지금까지 활약한다.

그녀는 결혼생활을 하면서도 당대의 유명스타들과 숱한 염문을 뿌려 끊임없이 화제에 올랐다. 배우 마론 브란도, 진 케리, 오손 웰스, 가수 프랑크 시나트라, 억만장자인 하워드 휴즈 등과의 염문이 꼬리를 물었다. 그 때문에 결혼생활이 원만하지 못했다.

남달리 감성이 풍부했던 그녀는 소녀시절부터 꾸준히 시를 썼다. 그림에도 재능이 있어 개인전까지 열었는데, 돈 많은 상속녀가 그림을 그리다니, 대중들은 '호사 취미'라고 비아냥거렸다. 디자인 감각도 빼어나, 자신의 이름을 브랜드로 패션을 출시해서 사업적으로도 큰 성공을 거두었다.

그 무엇보다 사랑에 대한 집착으로 파란의 삶을 살아 온 그녀의 생애는 〈글로리아 밴더빌트 이야기〉라는 TV시리즈를 통해 소개됐다. 그녀의 시는 대부분 사랑을 노래하고 사랑의 아픔을 표현한 시다. 그녀의 시집 제목도 〈사랑의 시Love Poems〉다. '사랑은 조용히 오는 것' '첫 사랑'과 같이 특히 여학생들이 즐겨 암송하는 시들이 많다.

소설도 썼으며 자신의 비망록도 썼는데 그 제목도 〈그 때는 사랑이 중요한 것 같았어It seemed Important at the time : A romance Memoire〉였다. 제목에도 붙여 놓았듯이 사랑의 비망록이다. 글로리아는 이런 자신의 사랑이야기는 책으로 10권도 더 쓸 수 있다고 했다.

마치 동화 속의 소녀 주인공처럼 살 수 있었던 글로리아에게 부족한 것이 있었다면 사랑이었다. 그녀의 어머니는 남자관계로 품행이 문제가 되어, 시댁의 시누이들과 재산상속 법정다툼을 벌이고, 딸 글로리아의 양육권마저 시누이들에게 빼앗겼다.

글로리아 이모는 더욱 유명하다. 그녀의 이모 텔마 콘버스는 독신으로 영국의 왕위에 오를 윈저Windsor 공의 내연녀였다. 그런데 윈저 공은 텔마와 결혼한 것이 아니라 텔마가 소개한 미국 여성 심프슨Simpson 부인과 결혼, 세계적인 화제가 되었다.

윈저 공은 영국의 왕 에드워드 8세다. 1936년 왕위에 오른 지 1년도 안 돼 퇴위했다. 미국 여성으로 두 번이나 이혼 경력이 있는 40세의 심프슨 부인과 사랑에 빠져 결혼하려고 했기 때문이다.

영국 왕실은 물론, 영국 국민들, 교회들까지 모두 심프슨 부인을 국모로 모실 수 없다며 일제히 반대했다. 꼭 결혼하겠다면 왕위를 포기하라고 아우성쳤다. 결국 에드워드 8세는 왕위를 포기하고 사랑을 택했다. 에드워드 8세는 왕위에서 물러난 뒤, 공작 작위를 받아 윈저 공이 되었다. 윈저 공과 심프슨 부인의 사랑은 '세기의 사랑'으로 불리며 오래도록 세계적인 화제가 되었다.

이러한 모계의 핏줄이 글로리아에게도 이어진 탓인지, 그녀의 삶은 사랑의 열정과 열망으로 채워졌다. 그러면서도 언제나 사랑에 목말라 했다. 언제나 새로운 사랑을 찾아 나섰다. 얼마나 사랑을 열망하며 참사랑을 기다렸는지, 그녀는 시를 통해 '사랑은 조용히 오는 것' '사랑은 천천히 오는 것'이라고 자신의 심정을 나타냈다.

그녀가 소녀 시절, '내일은 오늘과 다르기를' 기대했던 것도 그녀의 열망을 채워줄 수 있는 만족스런 사랑이었는지 모른다. 하지만 글로리아의 삶은 다채롭고 풍요로워 보이지만 행복했다고 말하기는 어렵다. 결코 자신의 사랑에 대한 열망을 충족시키지 못했기 때문이다.

그녀는 착각 속에서 살았을지도 모른다. '내일은 없고 오늘만 있다'는 우리 삶의 진리를 몰랐던 것은 아닐까?

그녀의 유명한 시 '첫 사랑'은 이렇게 시작된다.

짧은 시간 동안이라도
나를 행복하게 해 주세요.
두 번 다시 얻을 수 없는
소중한 시간일지도 모르는 지금

그렇다. 가장 소중한 시간은 지금, 오늘이다. 그녀가 오늘의 사랑에 충실하고 만족했다면 그녀의 삶은 훨씬 행복했을지도 모른다.

여담이지만, 글로리아는 투신자살한 큰 아들을 기리기 위해 '밴더빌트 문학상'을 제정했다. 2013년에는 우리나라 캐나다 교포인 김상현 씨가 이 상을 수상했다.

푸시킨 '삶이 그대를 속일지라도'

우리는 내일은 무엇인가 좋은 일이 있을 것 같고, 내일은 무엇인가 이루어질 것 같고, 내일은 오늘보다 나을 것 같다는 기대 속에서 살아간다. 자신의 내일, 앞날이 너무 궁금해서 점쟁이를 찾아가 그의 허튼소리를 따르기도 한다.

그러나 내일도 내일이 되면 '오늘'일 뿐이다. 자기 생활에 무엇인가 기적이 일어나거나 뜻하지 않는 행운이 오기 전에는 좀처럼 달라지는 것이 없다. 왜 그런지, 우리는 속으면서 살고 있는 기분이다.

아무리 오늘을 충실하게 살고 싶어도 오늘 하루조차 뜻대로 되는 일이 없다. 하루가 지루하고 피로만 쌓여 간다. 허탈과 좌절, 뚜렷한 표적이 없는 분노감에 부들부들 떨다가 지쳐 우울해진다. 사회에 대한, 그리고 자기 자신에 대한 '분노와 우울'이 요즘 우리의 공유된 감정이다.

삶이 그대를 속일지라도
슬퍼하거나 노여워하지 마라.
슬픈 날을 참고 견뎌라.
기쁜 날이 오고 말 것이니.

러시아의 시인이자 작가였던 알렉산드르 푸시킨Aleksandr Pushkin의 영원한 명시 〈삶이 그대를 속일지라도〉의 첫머리다. 마치 그가 요즘 우리의 심정을 잘 알고 있다는듯 위로하는 것 같다.

푸시킨은 '러시아 문학의 아버지'로 불린다. 톨스토이도 그의 영향을 받았다고 한다. 평론가들은 푸시킨은 200년에 한 명 나올 수 있는 대문호라고 했다. 우리는 러시아 문학이라면 톨스토이, 도스토예프스키 등을 먼저 떠올리지만 러시아 국민들은 푸시킨을 추앙한다. 러시아에는 푸시킨의 동상이 예술가들 가운데서 가장 많다고 한다.

그는 모스크바에서 귀족 가문의 아들로 태어났다. 부럽고 부족한 것이 없었지만, 러시아 국민들의 고달픈 삶을 괴로워하고 고뇌하며 사랑, 우정, 기쁨, 자유 등을 주제로 시를 썼다. 귀족이었지만 러시아 귀족들의 방탕과 사치, 의미 없는 무기력한 삶을 비판하고 폭로하는 〈자유에

바치는 시〉를 썼다. 그 때문에 그는 시베리아로 유배갔다. 그리고 한창의 젊은 나이에 어처구니없이 세상을 떠났다.

푸시킨에게는 미모가 빼어난 아내 나탈리아가 있었다. 그런데 나탈리아는 사교계를 드나들며 사치와 허영이 심했다. 심지어 내연남인 정부情夫까지 있었다. 러시아 근위대의 단테스라는 남자였다.

이 사실을 알게 된 푸시킨은 분노했다. 또한 자신의 명예를 지키기 위해 단테스에게 결투를 신청했다. 푸시킨으로서는 그럴 수밖에 없었지만 결과는 비참했다. 푸시킨은 결투하다가 치명적인 총상을 입고 쓰러졌다. 그리고 이틀 뒤에 세상을 떠났다. 그의 나이 불과 38세 때였다.

그의 장례식에는 수만 인파가 몰려들어 대문호의 마지막 가는 길을 애도했다. 어찌나 인파가 많았던지, 당시 러시아 황제였던 니콜라이 1세가 크게 당황, 인파가 혹시 폭동을 일으킬까 두려워 무려 6만 명의 군대를 동원해서 경비를 맡게 했다.

푸시킨은 짧은 생애에도 시와 소설 등 많은 작품을 남겼다. 우리에게 잘 알려진 〈대위의 딸〉도 그의 작품이다. 자신의 명예를 지키려는 귀족 청년의 사랑을 그린 작품으로 '러시아 근대문학의 효시라'는 평가를 받고 있다.

푸시킨은 그의 시 〈삶이 그대를 속일지라도〉를 통해, 마음은 미래에 살고 현재는 늘 슬픈 것이라고 했다. 따라서 슬픔과 우울을 견뎌내면 반드시 좋은 날이 올 것이라고 했다. 누구나 자신의 오늘, 현실은 무엇인가 아쉽고 부족하게 느껴지기 마련이다. 그래서 내일은 달라지고 더 나아질 것이라고 기대하며 하루하루를 살아간다. 하지만 하루가 지나고 새로운 '오늘'이 와도 크게 달라지지 않는다. 그래서 더욱 슬프고 우울하다. 그래서 현실은 영원히 슬프고 우울할 수밖에 없다. 삶이 자신을 속이는 것 같아 허탈하기만 하다.

그렇다고 해서, 좌절감에 빠져 자신의 인생을 포기할 수는 없지 않는가?

베케트의 〈고도를 기다리며〉에서 아무리 기다려도 고도는 결코 오지 않지만, 그래도 기대감을 버리지 않고 변함없이 기다리듯이 자신에게 기쁜 날이 오기를 기다리며 살아야 한다. 푸시킨은 우리의 그러한 삶을 긍정적으로 본 것이다. 삶이 자신을 속이는 것 같지만 속는 것이 아니다. 무엇인가 희망을 품고 오늘에 충실하다 보면, 어김없이 새로운 '오늘'이 오듯이, 오늘보다 더 나은 오늘, 자신이 바라고 기다리던 오늘은 기어이 오고야 만다.

꿈과 희망이란 무엇인가? '쉽게 실현되지 않는 그 무엇에 대한 동경'이라고 누군가 말했다. 이슬비에 자기도 모르게 옷이 차츰 젖어가듯이 아주 천천히 다가온다.

지금, 오늘이 힘들더라도 주저앉지 말아야 한다. 푸시킨은,

"시간은 흘러가는 것. 모든 것은 순간에 지나간다. 모든 것은 다함께

폭풍처럼 몰아치다가 사라진다."

고 했다. 오늘, 현실의 슬픔과 역경은 결국 사라진다. 우리가 그처럼 바라는 부귀와 영화, 영예와 영광도 영원하지 않다. 잠시 자신에게 머물다가 사라질 뿐이다.

카르페 디엠! 자신의 현실을 수용하고 지금 이 순간에 충실한 것이 최선의 인생 노하우다. 고대 이스라엘에서 가장 현명한 인물로 손꼽히는 솔로몬 왕의 반지에는 이런 글귀가 새겨져 있었다고 한다.

'이것, 또한 지나가리라.'

This, too, shall passaway.

칼라일
'오늘을 사랑하라'

오늘을 사랑하라

이미 과거 속에 묻혀 있고
미래는 아직 오지 않은 날이라네.
우리가 살고 있는 날은 바로 오늘
우리가 사용할 수 있는 날은 오늘
우리가 소유할 수 있는 날은 오늘뿐

오늘을 사랑하라.
오늘에 정성을 쏟아라.

오늘 만나는 사람을 따뜻하게 대하라.
오늘은 영원 속의 오늘
오늘처럼 중요한 날은 없다.
오늘처럼 소중한 날은 없다.

오늘을 사랑하라.
어제의 미련을 버려라.
오지도 않은 내일을 걱정하지 마라.
우리의 삶은 오늘의 연속이다.
오늘이 30번 모여 한 달이 되고
오늘이 365번 모여 일 년이 되고
오늘이 3만 번 모여 일생이 된다.

19세기 영국의 비평가이며 역사가였던 토머스 칼라일Thomas Carlyle은 시인은 아니었지만 아주 의미 있는 시를 남겼다. 바로 위의 시 〈오늘을 사랑하라〉이다.

어쩌면 이 책을 통해 하고 싶은 말을 모두 집약해 놓은 것 같다. 나의 오늘은 얼마나 소중한 날인가. 그야말로 오늘은 내 인생의 첫날일 수 있고 마지막 날일 수도 있다. 오늘 내가 살아 있는 것만으로도 감사해야 한다.

칼라일의 생애는 결코 행복했다고 말하기 어려웠다.

그는 가난한 석공石工의 둘째 아들로 태어났다. 부친은 석공, 소작농 등으로 어렵게 생계를 유지했지만 신앙심이 두터운 칼뱅 교도였다. 그런 신앙심으로 칼라일이 성직자가 되기를 원했다. 하지만 칼라일은 성직자에는 별 관심이 없었던지, 교사를 비롯해서 여러 직업을 전전하며 방랑생활도 했다. 생활이 무척 어려웠다. 31세가 돼서야 5년의 연애 끝에 부유한 의사의 딸과 결혼했다.

지적인 아내였지만 감정의 기복이 심했다. 칼라일 역시 자기중심의 생활과 화를 잘 내고 까다로워 부부의 불화가 심했다. 칼라일은 아무것도 제대로 되는 것이 없자 욕구불만이 컸으며 우울증에 시달렸다.

그러면서도 그는 역사탐구에 심취했으며 여러 해 동안 연구한 끝에 집필한 〈프랑스 혁명〉(전3권)이 출간되자 그에 대한 인식이 크게 달라졌다. 프랑스 혁명은 군주와 귀족계급의 어리석음과 이기주의에 대한 필연적인 심판이라는 견해가 큰 공감을 일으키며 성공을 거두었다.

생활이 어느 정도 안정되자 역사탐구에 몰두할 수 있었으며 〈영웅숭배론〉 〈의상철학〉 등, 여러 저서를 내놓아 권위 있는 역사가로 평가를 받았다. 하지만 아내가 런던에서 갑자기 세상을 떠나자, 슬픔에 싸여 모든 것을 버리고 그가 죽음을 맞을 때까지 15년 동안 울적한 나날을 보냈다. 그가 죽자 명사들의 묘지인 웨스트민스터 사원에 묻힐 수 있었지만 그의 뜻대로 시골의 부모 곁에 묻혔다.

이처럼 칼라일은 역사가로서는 큰 성공을 거두고 이름을 남겼지만 가난, 아내와의 불화, 아내의 죽음과 오랜 은둔생활 등으로 이어져 온 그의 삶은 참다운 행복과는 거리가 있었다. 어쩌면 그는 많은 날들을 하루하루 우울한 날들로 보냈을지도 모른다.

그리고 뒤늦게 '오늘'이 얼마나 소중한가를 깨달았을지도 모른다. 의미 없는 '오늘'을 수없이 보내고 나서야 '아, 이렇게 살아서는 안 되겠구나.' 하고 느꼈을지도 모른다. 덧없는 삶은 바로 오늘을 헛되이 보내는 것이라고 절실히 깨달았을지도 모른다. 그의 시 〈오늘을 사랑하라〉에는 그러한 깨달음이 꾸밈없이 담겨 있다.

그가 말하듯이 자신이 숨 쉬고 있는 날이 바로 '오늘'이다. 또한 자신이 활동할 수 있는 날도 오늘이며 자신이 원하는 대로 무엇을 추구할 수 있는 날도 오늘이다.

그래서 자기 인생에서 오늘처럼 소중한 날도 없다. 오늘 내가 하는 일에 최선을 다하고, 누구를 만나든 그와 원만한 관계를 갖도록 해야 한다. 어쩌면 그 사람을 다시는 못 만나게 될지도 모르니까.

과거에 집착하면 앞으로 나아가지 못한다. 아직 오지도 않은 내일을 걱정하는 것만큼 부질없는 짓도 없다. 우리의 삶은 오늘이 모여 한 달이 되고 일 년이 되고 일생이 된다. 우리의 삶이 마치 영원할 것처럼 느껴지지만 불과 3만 번의 오늘을 맞이할 뿐이다.

3만 번의 오늘. 햇수로 따지면 82년이 조금 넘는다. 100세 장수 시대라지만, 80세를 넘겨 살면 여전히 오래 사는 것이다. 대부분의 사람들이 60세가 넘으면 자의든 타의든 그 동안 해 왔던 일들을 놓아버리고, 그다지 의미 없이 남은 인생을 보낸다.

'오늘'에 충실하고 즐길 수 있는 날은 대략 20세부터 60세까지 40년에 불과하다. 40년이라면 1만 5천 번의 오늘도 되지 않는다. 어차피 언젠가 죽는다. 자신에게 주어진 인생을 보람 있게 살고 홀가분하게 세상을 떠나려면 오늘을 사랑해야 한다. 속절없이 흘려보낼 오늘은 단 하루도 없다.

버나드 쇼 '우물쭈물하다가 내 이럴 줄 알았다'

"우물쭈물하다가 내 이럴 줄 알았다."

아일랜드 출신의 극작가이자 비평가, 1925년 노벨문학상을 받았으며 독설가로 더 유명한 조지 버나드 쇼George Bernard Shaw가 남긴 그의 묘비명이다.

묘비명에는 한 세상을 풍미했던 유명한 사람들이 죽음을 앞두고 자신의 삶을 정리하는 명언들이 많다. 프랑스의 소설가 스탕달은 "살고, 쓰고, 사랑했다."라는 말을 남겼으며 미국의 소설가 헤밍웨이는 "일어나지 못해 미안하다."를 묘비명으로 남겼다.

우리나라에도 인상적인 묘비명들이 있다. 가난한 시인이었던 천상병

千祥炳은 유명한 그의 시 〈귀천歸天〉의 한 구절을 묘비에 남겼다.

나 하늘로 돌아가리라.
아름다운 이 세상 소풍 끝내는 날
가서, 아름다웠더라고 말하리라.

걸레스님으로 잘 알려졌던 중광 스님은 "에이, 괜히 왔다 간다."

또 여전히 활발하게 활동하고 있는 개그우먼 김미화는 자신이 죽으면 "웃기다 자빠졌네."라는 묘비명을 남기겠다고 해서 정말 웃겼다. "웃기고 자빠졌네."는 우리가 일상에서 흔히 쓰는 말이다. 대중을 웃기던 개그우먼이 죽어 자빠졌으니 웃음을 자아내는 절묘한 묘비명이 아닐 수 없다.

버나드 쇼의 묘비명은 그 해석을 놓고 국내에서도 논란이 많았다. 원문을 소개하면,

"I knew if stayed around long enough, something like this would happen."이다.

직역하면 "그렇게 오래 서성거리더니 이런 일이 있을 줄 알았다."라고 할 수 있다. 그런데 의역하는 과정에서 '우물쭈물하다가' '갈팡질팡하다가' '어영부영하다가' 등이 됐지만 그것은 모두 비슷하다.

하지만 영어를 좀 한다는 사람들은 영문 구조를 들먹거리며,

"나는 알았지. 무덤 근처에서 머무를 만큼 머물면 이런 일(무덤 속으로 들어가는 일)이 일어날 것이라는 걸."

이것이 맞는다며 around라는 부사 다음에 the tomb(무덤)라는 명사가 감춰져 있다는 것이다. 그 번역이 맞는다면 의미가 사뭇 달라진다.

글쎄? 지금까지 일반적으로 널리 알려져 통용되는 "우물쭈물하다가 내 이럴 줄 알았다."를 존중한다. 또한 그것이 죽음을 숙명적으로 받아들였다기보다, 버나드 쇼가 졸지에 다가온 죽음을 맞아 독설가답게 자신의 심정을 나타낸 것이라고 생각한다.

우리는 어차피 죽는다. 태어나서 언젠가 반드시 죽는 것이 인간뿐 아니라 모든 생명체의 본질이다. 그러나 정상적인 사람들이 자신의 죽음을 미리 예측할 수는 없다. 사람들이 늙어가며 죽음에 대비해 유언 등을 남기고 천천히 삶을 정리하지만, 자신이 죽는 날을 아는 것은 아니다. 오늘, 지금 이 순간 우리는 틀림없이 살아 있다.

대부분의 사람들은 모든 생명체가 그렇듯이 자신의 죽음을 의식하지 않고 하루하루 오늘을 살아간다. 죽음은 필연적이지만 전혀 실감하지 못한다. 그러다가 불현듯이 맞이하는 것이 죽음이다.

치명적인 질병으로 어린 나이에, 갑작스런 사고로 젊은 나이에, 노환으로 자리에 누워 시름시름 앓다가 죽기도 한다. 죽음의 그림자가 다가오는 것을 어렴풋이 느끼더라도 언제 죽을지 정확하게 모른다. 사람

들은 여간해서 자기가 죽는다는 생각을 하지 않는다. 때문에 오늘 해야 할 일을 내일로 미루면서 하루하루 어물어물, 우물쭈물 살아간다. 버나드 쇼도 예외가 될 수 없었다.

그가 우물쭈물하다가 내 이럴 줄 알았다는 넋두리를 남긴 것은,

"오래 살다 보면 내 이런 일(죽음)이 생길 줄 알았지."

하는 당연하고 피할 수 없는 죽음에 대한 수용이다. 그러나 자신이 지나 온 삶에 대한 후회나 회한은 아니다.

그 누구도 죽음을 피할 수 없다. 우물쭈물하는 사이에 죽음은 불현듯이 다가온다. 바꿔 말하면 우리 인생은 우물쭈물할 겨를이 없다는 얘기다. 오늘을 알차게 살아야 한다. 그리하여 〈토지〉의 작가 박경리가 말했듯이 '버리고 갈 것만 남아 참 홀가분하다.'라는 초연한 심정으로 당황하지 않고 죽음을 맞이할 수 있어야 한다.

자신의 하루를 설계하라.
아무 생각없이 오늘과 마주하면
어영부영 소중한 하루가 지나간다.

그래서 영국의 저술가이자 명상가인 제임스 앨런James Allen은 그의 저서 〈생각하는 모습 그대로〉에서 이렇게 말하고 있다.

"당신이 이루거나 이루지 못한 것들 모두는 당신이 품은 그 생각들의 직접적 결과물이다. 오늘 당신은 당신의 생각들이 데려다 준 그 곳에 있다. 내일 당신은 당신의 생각들이 데려다 준 그 곳에 있을 것이다."

생각하는 대로 살지 않으면, 사는 대로 생각하게 된다는 것이다. 오늘 하루를 그냥 시간에 끌려가며 살 것이 아니라, 자신의 생각대로 오늘을 이끌어가야 한다는 것이다.

오늘 하루를 어떻게 살 것인지 생각하고 오늘을 살아야, 자기 뜻대로 됐는지, 안 됐는지, 안 됐다면 왜 안 됐는지, 그러자면 속절없이 오늘에 끌려가지 말고 자신이 오늘을 이끌고 가야 한다.

그리스인 조르바 "내게 중요한 것은 오늘, 지금 이 순간에 일어난 일이오"

〈그리스인 조르바〉로 우리에게 잘 알려진 니코스 카잔차키스는 끊임없이 인간의 진정한 자유를 추구해 온 작가이다. 그의 대표작인 〈그리스인 조르바〉는 조르바라는 인물을 통해 그의 참다운 자유정신을 유감없이 표현한 작품이다. 소설 속의 조르바는 그가 가까이 지낸 실존인물이었다고 한다.

그의 고향인 그리스 남부 지중해의 크레타 섬에는 그의 문학 기념관이라고 할 수 있는 '크레타 역사민속박물관'이 있으며 그가 태어난 이 섬의 항구도시 이라클리온 공항은 '니코스 카잔차키스 공항'으로 이름이 바뀌었다. 작가의 이름이 공항의 정식명칭이 된 것은 세계에서 이 공항이 유일하다. 이라클리온에는 그의 묘지가 있는데 많은 관광객들이 찾는 관광 명소가 됐다. 그의 묘에는 그가 살아 있을 때 미리 써놓은 유명한 묘비명이 있는데 그리스어로 이렇게 쓰여 있다.

나는 아무것도 바라지 않는다.
나는 아무것도 두려워하지 않는다.
나는 자유다.

20세기 대표적인 문학작품의 하나인 〈그리스인 조르바〉에서 주인공은 '책벌레'라는 별명을 들을 정도로 지식탐구에 몰두해 온 젊은 지성인 '나'다. 나는 현실에서 잠시라도 벗어나고자 크레타 섬으로 가서 폐광을 빌려 탄광사업을 하려고 한다.

'나'는 크레타 섬으로 가는 여객선을 기다리다가 우연히 60세가 넘은 조르바를 만나게 된다. 조르바는 '나'와 대화하다가 탄광사업을 하려는 것을 알게 되고 자기를 고용해 달라고 한다. '나'는 조르바가 거침없이 살아가는 자유인이라는 것을 느끼고 그를 채용한다. 자유는 '나'가 추구해 온 소망이었다.

그들은 이런 대화를 주고받는다. 먼저 조르바가 말한다.

"나한테 윽박지르면 그때는 끝장이오. 결국 당신은 내가 인간이라는 것을 인정해야 한다 이거요."

"인간이라니, 무슨 뜻이죠?"

"자유라는 거요."

자유란 무엇인가? 황금을 모으는데 열정을 쏟다가 불현듯이 그 열정을 물리치고 재산을 사방으로 던져버리는 것. '나'는 자유란 그런 것이라고 생각한다.

'나'와 조르바는 동반자가 되어 갈탄을 채취하는 탄광사업을 시작한다. 조르바는 숱한 삶의 질곡을 살아 온 인물이다. 일정한 직업도 없이 떠돌며 닥치는 대로 억센 일을 해오며 살아 온 노인이었다. 그가 추구하는 것은 오직 하나, 자유였다.

공부한 경험이 전혀 없는 그는 종교나 이념 따위는 모른다. 자신의 육신이 이끄는 대로 온 몸으로 부딪치며 원초적인 본능으로 살아갈 뿐이다. 작품의 내용은 '나'와 조르바의 일상, 자유 추구에 대한 그들의 의지를 사소한 사건들로 보여주며, 탄광사업이 망하게 되고 조르바가 죽음을 맞게 되는 것이 전부다.

그러나 이 작품에는 치밀한 계산이 있다.

'나'와 조르바는 몹시 대조적인 인물이다. '나'는 젊고 지성인, 지식인으로 당연히 이성적이다. 그에 비해 조르바는 배움이 없고 무식한 노인으로 자신의 즉흥적인 감정에 따라 살아가는 호쾌한 자유인이다. 당연히 비이성적이고 비합리적이지만 자신이 원하는 대로 살아간다.

'나'는 고용인이며 조르바는 피고용인이다. '나'는 젊고 조르바는 노인이다. 서로 의식이 다를 수밖에 없다. 더욱이 '나'는 이성적으로 행동하고 조르바는 본능적으로 행동한다. 갈등과 대립이 불가피하다. 그런 과정을 통해 과연 무엇이 참다운 자유인가를 끊임없이 이끌어 낸다.

영화 〈희랍인 조르바〉에서 명배우 안소니 퀸이 조르바의 캐릭터나 이미지에 너무 잘 어울린다. 조르바는 무식하지만 자신의 주체성을 바탕으로 자주적인 삶, 누구의 눈치도 보지 않고 자기 자신을 살아가는 인물이다.

조르바는 마초와 같은 강한 야성과 원시적 남성상을 지녔다. 여자를 좋아하고 여자를 아낄 줄 알며, 먹는 것을 좋아하고, 노는 것을 좋아하고, 자신의 감정을 말보다 춤으로 표출한다. '나'는 행동에 앞서 이성적으로 판단하지만, 조르바는 "그저 하기만 하면 돼."하며 몸으로 부딪친다.

그는 과거에 전쟁에 참가했고 살인, 강간 경험도 있지만 그가 살아온 비이성적이고 감정적인 행동으로 거슬리지 않는다. 그는 공식적으로 결혼은 한 번 했었지만 1천 명, 아니 3천 명의 여자와 관계했다고 서슴없이 털어놓는다.

"잘난 놈들은 모두 자기 브레이크를 씁니다. 하지만 나는 브레이크를 버린 지 오래됐소. 나는 꽈당 부딪치는 걸 두려워하지 않거든요."

바다를 바라보는 순간이 행복하고, 여자와 키스할 때 행복하고, 춤출 수 있어 행복하고, 포도주를 마실 수 있어 행복해 한다. 자신의 가슴이 시키는 대로 행동하고, 가슴이 소리치는 순간, 순간에 귀 기울이며 살아 있음을 행복해 한다.

조르바는 일하고 싶을 때 일하고, 말하고 싶을 때 거침없이 말한다. 정제된 교양 있는 언어가 아니라 격렬하고 살아 있는 언어다. 그렇지만 조르바는 자기가 하고 싶어야 일을 하지만 일을 할 때는 열정적이다.

"그 놈의 왜, 왜?
사람이 꼭 이유가 있어야 일을 합니까?
그냥 하고 싶어서 할 수도 있는 거 아닙니까?"

하고 싶은 말을 참지 못하는 조르바는 고용인 '나'에게도 거침없이 말한다.

"바다, 여자, 포도주, 힘든 일! 너무 앞뒤 재지 말고 덤벼드는 거요. 일에, 포도주에, 사랑에, 하느님이나 악마도 두려워하지 말고, 젊음이란 그러라고 있는 거요!"

조르바는 무엇이든 어정쩡한 것을 싫어한다. 자신의 마음이 내키고, 하고 싶다면 일이든 무엇이든 열정적으로 열심히 한다.

"일은 어정쩡하게 하면 끝장나는 거요. 말도 어정쩡하게 하고, 선행도 어정쩡하게 하는 거. 세상이 이 모양 이 꼴이 된 게 다 그 어정쩡 때문이오. 할 때는 화끈하게 하는 거요."

'나'는 조르바와 함께 하면서 많은 것을 느끼고 배운다. 자신의 감정에 충실하며 이성理性에 지배당하지 않는 순수함에 이끌리고, 그의 지식이 축적된 것도 아닌 원초적이고 살아 있는 영혼에 차츰 빠져든다. 그의 가슴은 살아 있었으며 야성의 영혼을 지니고 있다고 생각한다.

인간의 본질은 이성으로 가공되거나 다듬어진 것이 아니라 야만스럽고 거칠고 불손하며 육체와 불만의 힘으로 이루어진 것을 깨닫는다. 그러면서 행복은 단순하고 소박한 마음에서 온다는 것을 실감한다.

"나는 행복했고, 그 사실을 알고 있었다. 행복을 체험하면서 그것을 의식하기란 쉽지 않다."

는 것을 조르바를 통해 피부로 느낀다. 화가 나면 화를 내고, 기쁘면 아이처럼 웃고, 말로 전달할 수 없는 어려운 얘기는 춤으로 표현하는 조르바의 내면의 목소리를 숨김없이 표출해 내는 순수함. 그것이 참다운 자유가 아닐까?

'나'의 탄광사업은 실패로 끝난다. 그것은 이성의 패배를 의미한다고 볼 수 있다. 어쩌면 인간이 지나치게 이성에 의존하는 것이 반드시 옳은 것은 아니라고 말하는지도 모른다.

지성, 교양, 예의, 염치라는 이름으로 오직 이성적인 판단에 의지하고, 이성에 짓눌리고 얽매여 있으며, 비이성적, 비합리적인 것을 배척하는 우리의 삶이 과연 행복한 것인가에 대한 의문이다.

독일 출신의 미국 철학자 마루쿠제Herbert Marcuse도 그의 저서 〈에로스와 문명〉에서 "인간의 본능적 욕구의 자유로운 충족이 문명사회의 존재와 공존할 수 있을까?"하는 문제를 제기했다.

탄광사업에 실패한 '나'는 새로운 사업을 계획한다. 그에 대해 조르바가 말한다.

"새 길을 닦으려면 새 계획을 세워야 하겠죠.
나는 어제 일어난 일을 생각하지 않아요.
내일 일어날 일을 묻거나 걱정하지도 않죠.
나한테 중요한 것은 오늘, 이 순간에 일어난 일이라오."

마침내 조르바도 죽음을 맞는다. 하지만 그는 죽음 앞에 의연하다. 거부하거나 몸부림치지 않는다. 모든 것을 잃는 순간 오히려 해방감을 얻을 수 있기 때문인지도 모른다. 그리하여 조르바는 편하고 당연하게 죽음을 받아들인다. 자신의 영혼이 원하는 대로 살았으니 죽는 순간에도 아무런 아쉬움이 없다. 오직 자유와 열정으로 살았던 조르바. 그는 진정 행복한 인간일 것이다.

자신을 에워싸고 있는 일상으로부터의 자유가 진정한 자유이다. 자기 영혼의 울림을 애써 감추고, 인간 스스로 만든 이성과 질서라는 가식적인 울타리에 갇힌 우리의 삶이 드넓은 초원에서 마음껏 풀을 뜯지만 고용인(주인)에게 사육당하는 양떼와 무엇이 다르겠는가.

자유인 조르바가 춤을 좋아했던 것은 인생이란 한판의 춤과 같은 유희라는 것을 상징한다고도 말한다. '한판의 춤'을 행복하게 끝내려면 조르바가 말했듯이, 자신에게 중요한 것은 '오늘, 이 순간에 일어난 일'이다.

오늘, 이 순간에 일어난 일에 충실하면 자신이 원하는 자유와 행복을 얻을 수 있음을 조르바가 말해 준다. 다만, 행복하면서도 그것을 느끼지 못할 뿐이다.

이해인 수녀 '오늘을 위한 기도'

이해인李海仁 수녀, 평생을 오직 구도자, 성직자의 외길을 걷고 있지만 그보다 시인으로 친숙한 분이다. 일상생활에 감사하는 마음과 자연의 아름다움을 소재로 주옥같은 서정시를 써 온 분이다.

가톨릭 성 베네딕도 수녀원의 수녀지만 다른 종교에도 이해가 깊어 여러 종교의 성직자들과 폭넓게 교류하면서 더욱 널리 알려진 분이다. 고등학교 시절, 수녀였던 언니를 따라 구도자의 삶을 살기로 결심한 그녀는 뜻대로 수녀가 되고 나서도, 해외에서 영문학과 종교학 등의 공부를 계속하며 영성을 쌓아가는 분이다.

2008년, 이해인 수녀는 전혀 생각하지도 못했던 암에 걸렸다. 몸에 이상을 느끼고 검진을 받았을 때 이미 직장암 3기였다. 생존율이 30%도 안 됐다. 엄격하고 절제된 생활을 하는 수도자가 암이라니?

그녀를 아끼고 좋아하는 많은 사람들이 놀랐지만, 철저히 절제된 생활을 하는 분들이 오히려 암에 잘 걸릴 수 있다고 한다. 수도, 수련 등 자신의 몸과 행동을 절제하면 인체의 자연스럽고 일상적인 흐름을 막아 암으로 진행될 수 있다는 것이다. 운동에 소홀하고 오랫동안 앉아서 책을 읽거나 글을 쓰는 것도 암의 진행을 촉진할 수 있다는 것이다.

이해인 수녀는 지금까지 투병생활을 계속하고 있어 그를 사랑하는 많은 사람들을 안타깝게 한다.

그녀는 암 투병 중에도 살아 있는 하루하루를 감사하며, 하느님 섬김에 조금도 흐트러짐이 없으며 오히려 우리에게 희망과 용기를 주는 글, 대화, 강연 등으로 큰 감동을 주고 있다. 이해인 수녀는 자신이 암 투병을 통해 깨달은 것은,

"하루 한 순간을 헛되이 살면 안 된다는 것, 행복은 가까이 있다는 것, 함께 사는 이들에겐 최선을 다해 깨어 있는 사랑을 해야 한다는 것이에요."

라고 말했다.

그녀의 시 〈오늘을 위한 기도〉는 무척 긴 시다. 하지만 전문을 소개할 충분한 가치가 있다. 편의상 몇 부분으로 나눠서 소개하고 설명하겠다.

오늘을 위한 기도

기도로 마음을 여는 이들에게
신록의 숲이 되어 오시는 주님
제가 살아 있음으로 살아 있는
또 한 번의 새날을 맞아
오늘은 어떤 기도를 바쳐야 할까요?

제 작은 머릿속에 들어찬
수천 갈래의 생각들도
저의 작은 가슴 속에
풀잎처럼 돋아나는 느낌들도
오늘은 더욱 새롭고
제가 서 있는 이 자리도
함께 살아가는 이들도
오늘은 더욱
가깝게 살아옵니다.

새롭게 또 하루 '오늘'을 맞이하면서 아침에 눈을 뜨면 가슴이 설렌다. 오늘 하루를 어떻게 보람 있게 보낼 것인가, 오늘은 어떤 좋은 일이 생길까, 오늘은 어떤 좋은 사람을 만나게 될까, 기대감이 가득할 것이다. 진심으로 오늘을 위해 기도하고 싶을 것이다.

지금껏 제가 만나 왔던 사람들
앞으로 만나게 될 사람들을 통해
만남의 소중함을 알고
삶의 지혜를 깨우쳐 주심에
거듭 감사드립니다.

오늘 하루의 길 위에서
제가 더러는 오해를 받고
가장 믿었던 사람들로부터
신뢰받지 못하는 쓸쓸함에
눈물 흘리게 되더라도
흔들림 없는 발걸음으로 길을 가는
인내로운 여행자가 되고 싶습니다.

그러나 현실은 결코 녹록지 않다. 기대감에 넘쳤던 오늘과 달리, 뜻대로 되는 일도 없고 남과 다툴 수도 있으며, 뜻하지 않았던 불행과 슬픔이 닥칠 수도 있다. 그리하여 좌절감에 휩싸이고 온종일 우울한 오늘이 될 수도 있다.

그렇더라도 흔들리면 안 된다. 맑은 날이 있으면 흐린 날, 비 오는 날도 있듯이 인생이란 그런 것. 용기를 잃지 말고 꿋꿋하게 오늘을 살아야 한다.

오늘 하루
제게 맡겨진 시간의 옷감을
자투리까지 아껴 쓰는
알뜰한 재단사가 되고 싶습니다.

그렇다. 삶이 자신을 속이고, 오늘을 속일지라도, 아니 속을 줄 알면서도, 자신의 오늘 하루를 빈틈없이 설계하고 실천에 옮겨야 후회 없는 오늘이 된다. 오늘은 누가 만들어 주는 것이 아니라 스스로 만드는 것이다. 그러자면 어떻게 해야 할 것인가. 하루를 어떻게 설계할 것인가.

하고 싶지만 하지 말아야 할 일과
하기 싫지만 꼭 해야 할 일들을
잘 분별할 수 있는 슬기를 주시고
무슨 일을 하든지
그 일밖에는 없는 것처럼 투신하는
아름다운 열정이 제 안에 항상
불꽃으로 타오르게 하소서.

이것이 이해인 수녀가 주는 해답이다. 해야 할 일과 하지 말아야 할 일을 슬기롭게 분별하고 꼭 해야 할 일은 불꽃처럼 타오르는 열정으로 반드시 해 내는 오늘이 되어야 한다.

제가 다른 이에 대한 말을 할 때는
'사랑의 거울' 앞에 저를 다시
비추어 보게 하시고
자신의 모든 것을 남과 비교하느라
갈 길을 가지 못하는 어리석음으로
오늘을 묶어 두지 않게 하소서.

또한 우리는 국가와 사회의 일원이며 자기가 속한 공동체의 구성원이다. 우리는 결코 혼자 살 수 없다. 많은 사람들과 어울리고 때로는 다투며 살아간다. 핏줄을 나눈 가족이라도 그렇다. 가족끼리도 다투고 서로 비교하고 헐뜯을 수도 있다.

그럴수록 남에 대한 배려와 포용, 용서, 사랑으로 감싸고 남의 행복을 질투하고 시기하는 어리석음으로 자신의 평상심을 잃고 오늘을 망치는 일이 없어야 한다.

몹시 바쁜 때일수록
잠깐이라도 비켜서서
하늘을 보게 하시고
고독의 층계를 높이 올라
내면이 더욱 자유롭고 풍요로운
흰 옷의 구도자가 되게 하소서.

제가 남으로부터 받은 은혜는
극히 조그만 것이라도 다 기억하되
제가 남에게 베푼 것에 대해서는
아무리 큰 것이라도 잊어버릴 수 있는
아름다운 건망증을 허락하소서.

교만하고 오만해서도 안 된다. 교만과 오만은 남을 불쾌하게 하고 화나게 해서 원만한 관계를 망쳐 놓는다. 함께 더불어 살아가는 세상에서 부질없이 자신을 뽐내느라 교만하고 오만하면 대인관계가 좋을 수 없다. 좋지 못한 대인관계로 인심을 잃으면 결코 좋은 하루가 될 수 없다.

항상 자기를 낮추는 겸손과 너그러움으로 남들을 인정하고, 남들에게 감사해야 하며 남들의 성취를 축복해 줘야 남들도 나에게 축복을 보낸다. 그러해야 축복받는 나의 오늘이 될 수 있다.

오늘 하루의 숲 속에서
제가 원치 않아도
어느새 돋아나는 우울의 이끼
욕심의 곰팡이, 교만의 넝쿨들이
참으로 두렵습니다.

그러하오나, 주님
이러한 제 자신에 대해서도

너무 쉽게 절망하지 말고
자신의 약점을 장점으로 바꾸어 가는
끗끗한 노력을 게을리 하지 않게 하소서.

그러나 말은 쉽지만 실천은 쉽지 않다. 더구나 자신의 오늘이 어쩌다가 위기에 몰리고 궁지에 몰리면 절망하고 우울해 지기 마련이다. 그러면 뜻하지 않게 빗나간 행동을 하게 되거나 위축되기 쉽다. 자신의 약점도 장점으로 바꾸어 나갈 수 있어야 한다. 그러자면 용기가 필요하고 자신의 의지를 다짐하는 기도가 있어야 한다.

어제의 열매이며
내일의 씨앗인 오늘
하루의 일과를 끝내고
잠자리에 들 때는
어느 날 닥칠 저의 죽음을
미리 연습해 보는 겸허함으로
조용히 눈을 감게 하소서.
모든 것에 감사했습니다.
모든 것을 사랑했습니다.
나직이 외우는 저의 기도가
하얀 치자 꽃 향기로
오늘의 저의 잠을 덮게 하소서.

그리하여 아주 충실하고 후회 없는 오늘을 보내고 잠자리에 들었을 때는,

"나는 지금까지 하루하루 최선을 다하며 살아왔다. 이제 죽는다 해도 아무런 두려움도 아쉬움도 없다."

는 겸허한 마음을 갖는다면 정말 흘가분할 것이다. 아울러 나의 오늘을 만족스럽게 이끌어 준 모든 것에 감사하고, 나와 관련된 모든 것을 사랑했다는 따뜻한 마음으로 잠이 든다면 하룻밤을 보내고 다시 맞게 될 새로운 오늘도 아주 기쁘게 첫 걸음을 내딛을 수 있다.

이해인 수녀는 2008년, 그러니까 63세로 늦은 나이에 암에 걸린 사실을 알았다. 힘든 투병생활을 하면서도 삶에 대한 긍정과 용기를 잃지 않았으며 오히려 모든 것에 감사했다.

그녀는 암 투병을 하면서 불안보다 투병의 시간을 즐기려 했으며 차분히 죽음을 준비하는 시간으로 삼았다. 그러자 그 때부터 지금까지 무심코 보았던 사물들도 애틋해지고, 늘 해 오던 일들도 새롭게 느껴졌다고 했다.

힘든 수술과 고통스런 치료를 받았지만 혼자 걸을 수 있는 것을 감사했으며, 금방 통증을 줄여주는 약이 있다는 것도 감사했다. 또한 그 많은 약들을 소리 없이 받아들이는 자신의 육신이 신비스럽게 느껴졌다고 했다. 그녀의 삶에 대한 긍정은 아름답고 큰 감동을 준다.

내가 직접 들은 것은 아니지만, 인터넷으로 이해인 수녀를 찾아보니까 그녀는 암과 투병하며 치료하는 과정을 '고통의 학교'에 입학했다고 표현했다. 고통의 학교에서 세상을 좀 더 넓게 보는 여유, 힘이 들어도 남을 위로할 수 있는 여유, 자신의 약점이나 실수를 두려워하지 않는 여유, 유머를 즐기는 여유, 천천히 생각할 줄 아는 여유, 사물을 건성으로 보지 않고 의미를 발견하며 보는 여유, 책을 한 줄 한 줄 음미하며 읽는 여유를 배웠다고 했다.

이 모든 것이 아프지 않았더라면 몰랐을 일들이라고 하며, 큰 병 덕분에 감사할 일이 더 많아졌다고 했다. 모두 우리의 삶, 우리가 오늘을 살아가는 데 꼭 필요한 것들이라는 생각이 든다.

이해인 수녀가 병상에서 쓴 〈어떤 결심〉이라는 시에, 오늘을 사는 결심이 고스란히 담겨 있기에 그대로 옮겨 놓는다.

마음이 많이 아플 때
꼭 하루씩만 살기로 했다.

몸이 많이 아플 때
꼭 한 순간씩만 살기로 했다.

고마운 것만 기억하고
사랑하는 일만 떠올리고

어떤 경우에도
남의 탓을 안 하기로 했다.

고요히 나 자신만
돌아보기로 했다.

내게 주어진 하루만이
전 생애라고 생각하니
저만치서 행복이
웃으며 걸어왔다.

이해인 수녀의 마음가짐을 그대로 본받고 싶다. 정말 오늘에 감사하고 살아 있음에 감사하며 오늘을 헛되이 보내지 말자. 오늘이 내 인생의 마지막 날인 것처럼 살자. 얼마나 아름다운 오늘인가. 얼마나 희망찬 오늘인가.

Part 4

‘오늘’을 행복하게 하쿠나 마타타

Hakuna Matata

하쿠나 마타타

‘하쿠나 마타타Hakuna Matata’

이 말의 의미를 아는 사람들도 많겠지만, 처음 듣는 사람은 무척 생소하다. 발음에 따라 표기한 것일 뿐, 영어가 아니다. 아프리카어이다. 정확하게는 스와힐리어語라고 한다. 의미는 ‘잘될 것이다’ ‘문제없다’ ‘걱정 없다’ ‘염려 없다’ 쯤으로 해석된다.

‘월트 디즈니’에서 만든 애니메이션으로 흥행에 크게 성공했던 〈라이언 킹〉을 통해서다. 음악이 뛰어나서 더 한층 각광을 받았던 〈라이언 킹〉에는 ‘하쿠나 마타타’라는 노래가 들어 있다.

이 작품에서 ‘하쿠나 마타타’는 “근심, 걱정을 모두 떨처 버려!” 하는 말로 번역됐다. 어린 사자 심바가 왕위에 오르는 과정에서 의인화된 다른 동물들이 심바를 격려하며 하는 노래였다.

어떤 사람이라도 누가 곁에서 "잘될 것이다."라고 말해 주면 기분이 좋아진다. 더욱이 어려움을 겪으며 자신감을 잃은 사람에게,

"너무 걱정하지 마. 앞으로 잘 될 거야. 모두 잘 풀릴 거야."

하고 격려하면 의욕이 생긴다.

여러 가지 이유로 어려움을 겪는 사람이 점쟁이를 찾아가는 경우가 많다. 점을 본다는 것이 신빙성이 없는 미신이지만 행여 점쟁이한테 "앞으로 잘될 겁니다." 하는 말을 듣고 싶기 때문이다.

비슷한 뜻을 가진 말들도 있다. 아이돌 그룹 '브아걸Brown Eyed Girls'이 부른 '아브라카다브라Abracadabra'는 영어가 아니라 히브리어로 '말한 대로 될지어다'라는 뜻이라고 한다. 특별한 뜻이 있는 것이 아니라 우리 말의 '수리수리마수리'와 비슷한 일종의 주문呪文인 것 같다.

'케세라세라Que sers sers'도 있다. 스페인어로 직역하면 '무엇이 될까'라는 말이다. sers는 흔히 sera로 읽는다. 이 말은 60년대 미국의 가수이자 영화배우인 도리스 데이Doris Day의 노래말에 삽입돼 전 세계적으로 크게 히트했으며 우리나라에도 널리 퍼졌다.

그런데 영어 가사의 이 노래에서 '무엇이 될까'를 뜻하는 What will be가 아니라 Whatever will be로 표현하고 있어서 우리에게는 흔히 '될 대로 돼라'는 뜻으로 쓰이고 있다. 뒤에서 좀 더 자세히 살펴보겠지만

올바른 뜻은 아니다. 오히려 '잘될 거야'라는 의미가 더 크다.

누구나 앞으로 지금보다 훨씬 좋아질 것으로 기대하며 살아간다. 그렇게 되기 위해서 오늘이 아무리 힘들어도 참고 견딘다. 또한 자기가 정말 좋아하고 하고 싶은 일을 하는 사람들도 있지만, 많은 사람들이 마음에 들지 않는 일이라도 생계를 위해 부지런히 일한다.

오늘 자신의 처지보다 앞으로 훨씬 좋아지고 잘 될 것이라는 보장은 없다. 오히려 더 나빠질 수도 있다. 하지만 '잘 될 거야' 하는 내일에 대한 기대감은 삶을 이끌어가는 원동력이 되는 것은 부인할 수 없다.

거의 모든 사람들이 바라는 '행복'도 오늘보다는 내일에 초점을 맞춘다. 그리하여 오늘의 고통과 시련을 참고 견디는가 하면, 내일의 행복을 위해 저축을 하는 등 오늘을 기꺼이 희생시킨다.

자신이 원하듯이 앞으로 잘 되고 행복해진다면 좋은 일이다. 그야말로 그렇게 되도록 '아브라카다브라!' 주문을 걸기도 한다. 신앙을 가진 사람들의 간절한 기도는 영적인 구원을 바라는 것도 있지만, 기복사상祈福思想이 강한 우리나라에서는 앞으로 잘 되기를 바라는 개인적인 소망의 기도가 보편적이다.

그렇지만 우리는 여기서 한 가지 생각해 볼 것이 있다. 지금의 자신보다 더 잘 되고, 좋아지는 기준은 무엇인가? 자신이 기대하는 구체적인 기준은 있는가? 또한 얼마만큼 잘 되면 더 잘 되기를 바라는 소망을 끝낼 것인가?

대부분 사람들에게 그러한 구체적 기준은 없다. 막연히 더 잘 되기를 바란다. 그리하여 더 잘 되기를 바라는 염원은 평생 끝없이 이어지고, 변함없이 무엇인가 부족감을 느끼며 살아가다가 마침내 삶을 마감한다.

이를테면, 직장에서 받는 자신의 연봉이 3천만 원이라면 앞으로 잘 돼서 4천만 원이 되기를 기대한다. 그러나 4천만 원이 되면 다시 또 잘 돼서 5천만 원이 되기를 기대한다.

경차나 소형차를 타던 사람은 잘 돼서 중형차를 타고 싶고, 중형차를 타면 외제차를 타고 싶어 한다. 전세나 월세를 살던 사람은 잘 돼서 내 집을 마련하고 싶어 하고 20평대 아파트를 마련하면 좀 더 잘 돼서 30평대 아파트를 마련하고 싶어진다.

끝없이 더 잘 되기를 바라는 것이 욕망이며 욕망에는 한계가 없다. 더욱이 자신이 잘 되기를 바라는 기대감에 어떤 기준이 없고 막연할수록 욕망은 더 나은 것을 요구하며 끊임없이 되풀이될 뿐이다.

하기는, 더 나아지기를 바라는 인간의 욕망이 과학기술 등 새로운 문명을 창조하고 인류의 무궁한 발전을 이끄는 밑거름이 된 것은 사실이다. 그러나 그것은 어디까지나 인류 차원의 문제이지 개인적인 차원과는 다르다.

우리에게 주어진 시간은 언제나 '오늘'뿐이다. 그럼에도 앞으로 더 잘 되기를 기대하는 것은 오늘이 만족스럽지 못하다는 얘기다. 오늘이 어떤 날인가? 자신이 어제, 지나간 날에 더 잘 되기를 바랐던 날이다.

하쿠나 마타타!
지나간 날의 근심, 걱정을 모두 떨쳐 버려라.
오직 오늘만 행복하도록 오늘에 매달려라.
오늘이 잘 되면 그것이 바로
자신도 모르게 더 잘 되고, 나아진다.

내 인생의 주인공은 바로 나다

내 인생의 주인공은 바로 나다. 내가 이 세상의 중심이다. 지구상에 70억 인구가 있다지만 아무도 내 인생을 대신하지 않는다. 외롭고 힘들지만 나의 삶은 내가 만들어 가야 한다. 그 누구도 내 삶을 만들어 줄 수는 없다.

일찍이 인생은 고해苦海라고 했다. 내 인생의 선장은 바로 나다. 자기 운명의 주인이다. 이 험난한 바다에서 홀로 조각배를 저어가는 내가 어떻게 살아남을지, 어디로 가야 할지, 모두 스스로 결정해야 한다. 뿐만 아니라 살아남아서 과연 무엇을 해야 할지, 내 인생에서 무엇을 이룰 것인지도 스스로 결정해야 한다.

결국 인생은 자기 자신과의 싸움이다. 자신과의 싸움에서 이겨야만 한다.

그런데 인간이 지능이 발달한 탓인지, 여유를 부리기 좋아하고 쾌락을 좋아한다. 또한 자신이 인생이라는 조각배를 노 저어 가야 하는데, 남에게 의지하고 꼭두각시처럼 남에게 조종당하는 습성이 있다.

풍랑이 몰아치는 망망대해에서 잠시 바람이 멈췄다고 여유를 부리다가는 언제 다시 태풍이 몰아쳐 배가 난파될지도 모른다. 남에게 자기 인생의 노와 삿대를 맡겼다가는 어디로 흘러갈지 모른다.

잭 파Jack Parr라는 이름의 외국 코미디언이,

"돌이켜 보면 내 인생은 장애물 뛰어넘기 경주와 같았다. 그런데 그 장애물 중에서 가장 어려운 것은 바로 나 자신이었다."

라고 했다. 이 말은 결코 코미디가 아니라 진실이다.

그러면 어떻게 나 자신과의 싸움에서 이기고,
자신의 인생을 자신이 원하는 방향으로
이끌어 행복을 성취할 수 있을까?

오스트리아의 심리학자 알프레드 아들러는 인간은 자신의 인생을 그리는 화가라고 했다. 그렇다. 우리는 오늘도 자신의 인생을 그려간다. 좋은 그림이 될지, 쓸모없는 그림이 될지 화가, 즉 자신의 솜씨에 달려 있다.

화가는 그림을 그리기 전에 먼저 그리고 싶은 소재素材를 구한다. 그 다음 그것이 완성된 그림이 되었을 때, 어떤 모습일지 상상해 본다. 우리 인생도 그와 같다. 청소년, 젊은 시절에 자신의 꿈과 목표를 결정한다. 그 다음 그 꿈과 목표가 이루어졌을 때 자신의 모습을 상상한다. 그것만으로도 가슴이 벅차다.

화가는 완성할 그림의 전체적 모습을 상상하며 그림을 그리기 시작한다. 먼저 연필로 화폭에 대강의 구도를 그려놓고 색칠을 시작한다. 하나의 그림을 완성하기까지 수많은 색채가 동원되고 수백, 수천 번의 붓질을 거쳐야 하나의 그림이 완성된다.

우리가 바라는 행복 가꾸기도 그와 마찬가지다. 자신의 행복이 머릿속에 그려지면 그 다음, 그것을 어떻게 만들어갈 것인지 구체적인 설계를 한다. 화가가 화폭에 구도를 먼저 그리는 것과 같다.

그러면 화가가 화폭에 수없이 색칠하는 색채들은 무엇인가?

그것을 인생에 비유하면 '오늘'이다. 색채가 저마다 다르지만 하나의 그림완성에 기여하듯이, 수많은 오늘들이 저마다 행복이라는 화폭에 꼭 필요한 색칠을 한다. 좋은 그림이 되려면 갖가지 색채를 조화롭게 색칠해야 하듯이, 진정한 행복을 얻으려면 하루하루 '오늘'이 조화를 이루면서 저마다 행복에 기여해야 한다. 그리하여 어느 화가가 완성한 그림의 좋고 나쁨은 그의 책임이듯이 행복을 성취하든 못 이루든 자기 인생의 주인공인 자신의 책임이다.

그렇다면 보람 있고 행복한 인생을 완성시켜 줄 갖가지 색채와 같은 '오늘'을 어떻게 보낼 것인가 하는 것도 자신에게 달려 있다. 좋은 물감이 아무리 많아도 그것으로 화폭에 색칠하지 않으면 쓸모없고 가치가 없듯이 오늘을 의미 없이 그냥 보낸다는 것은 물감을 뚜껑도 열지 않고 그냥 놔두는 것과 같다.

오늘을 활용해서 자신의 인생과 행복성취에 기여하게 한다.

어느 외국의 작가가,

"사람은 성장하고 있거나, 썩어가고 있거나 둘 중 하나다. 중간은 없다. 가만히 서 있다면 썩어가는 것이다."

라는 말을 했다. 아무리 맛있는 음식도 오랫동안 내버려 두면 상한다. 음식이 썩는다.

인생도 가만히 있으면 썩는다. 인생이 썩으면 행복은 물 건너간다. 자기 인생의 주인공이 자기 인생을 썩게 할 것인가?

살아서 움직여야 한다. 자기 인생의 주인공답게 행동하라. 미치도록 사랑하는 연인의 마음을 얻으려면 사랑을 고백해야 인연을 맺지 않겠는가? 가만히 있으면 연인은 떠나버린다. 무엇인가 자신에게 필요한 일을 하고 있다면 즐겁게 일하라.

가만히 있지 말고, 자신이 그리는 행복에 색칠을 하고, 퍼즐을 한 조각씩 맞춰 나가라.

왜 오지도 않은 내일을 걱정해야 돼?

앞에서 '하쿠나 마타타'를 얘기할 때 '케세라세라'에 대해 잠시 설명했지만 좀 더 자세히 살펴 볼 필요가 있다. '케세라세라'는 미국의 유명한 팝송가수이자 영화배우였던 도리스 데이Doris Day가 그녀가 출연했던 〈나는 비밀을 알고 있다〉의 삽입곡으로 불렀던 세계적으로 선풍을 일으켰던 노래다.

한때 이 노래는 몰라도 '케세라세라'를 모르는 사람이 없었지만, 무척 오래된 노래여서 요즘 젊은이들에게는 생소할 수 있다.

이 영화는 1956년에 전 세계에서 상영되기 시작했다. 당시는 제2차 세계대전이 끝난 지 불과 십 년쯤 지난 시기여서 전 세계가 전쟁의 상처와 후유증을 완전히 지워버리지 못했다.

전쟁 때보다는 나아져 가지만, 여전히 경제가 어려운 시기에, 항상 코믹한 캐릭터를 지녔던 도리스 데이의 영화여서 세계인들을 잠시나마 즐겁게 해 줬다. 더욱이 이 영화의 주제곡 '케세라세라'는 멜로디가 경쾌하고 가사 내용이 공감을 주어 전 세계인들을 사로잡았다.

그 무렵 우리나라는 한반도를 폐허로 만들었던 참혹한 6. 25 한국전쟁이 멈춘 지 얼마 지나지 않은 시기여서 온 국민이 국토재건과 함께 더없이 힘들게 살아가던 시기였다. 국민들에게는 영화보다 주제곡 '케세라세라'가 엄청난 인기였다.

스페인어 '케세라세라'는 영어로 What will be, 즉 '무엇이 될까'지만 어떤 까닭인지 '될 대로 돼라'가 되면서 오히려 더 큰 공감을 주었다.

아무리 힘들게 일해도, 아무리 땀 흘리며 노력해도 좀처럼 나아지지 않고 미래조차 예측하기 어렵던 때에 '에이, 모르겠다. 될 대로 돼라' 하는 심정과 맞아떨어진다.

도리스 데이가 부른 '케세라세라'의 영어곡은 'Whatever will be, will be'다. '케세라세라'의 본뜻에 맞는 What will be와 약간 차이가 있다. 지적하자면 '무엇이 될까' '무슨 일이 생길까'라고 하기보다 Whatever는 '무엇이 되든지, 어떤 일이 생기든지'라고 이해해야 한다. 그것이 우리말로 번역되는 과정에서 '될 대로 돼라'가 된 것이다.

대개의 팝송이 그렇듯이 이 노래도 무척 길다. 가사를 요약하면 대략 이러하다.

한 소녀가 어렸을 때, 엄마에게 "나는 커서 뭐가 될까요?"하고 묻는다. 예뻐질 수 있을까, 부자가 될 수 있을까? 엄마가 대답한다.

"케세라세라, 무엇이 될지 미래는
우리가 볼 수 있는 것이 아니란다."

소녀가 학교에 다니게 됐을 때 선생님한테 묻는다. "뭘 해 볼까요? 그림을 그릴까요? 노래를 부르게 될까요? 선생님의 대답도 엄마와 똑같았다. 소녀가 성장해서 사랑에 빠졌을 때 연인에게 물었다. "우리 앞에는 무엇이 있을까?"

"무지개가 있을까? 날마다!"

연인이 대답했다. 역시 엄마의 대답과 똑같았다.

"케세라세라 어떻게 되려는지 미래는 우리가 볼 수 있는 것이 아니야."

그 소녀가 결혼해서 아이들이 생겼을 때, 아이들이 물었다.

"커서 무엇이 될까요? 멋있게 될까요? 부자가 될까요?"

엄마가 된 소녀가 다정하게 대답했다. 그녀의 엄마가 대답했던 것처럼,

"무엇이 되든, 미래는 우리가 볼 수 있는 것이 아니란다."

노래는 Que sera sera, Whatever will be, will be가 후렴이자 후크hook로 반복된다. 아무래도 '될 대로 돼라'는 우리식 의역과는 다소 거리가 있다. 누군가는 '케세라세라'에 대해서,

"자기의 앞날에 너무 불안감을 갖지 마라. 훗날 무엇이 되든지, 어떤 일이 생기든지, 무엇인가 되어야 할 것은 결국 그렇게 되기 마련이다."라고 풀이한다.

누구나 자신의 미래에 대해서는 불안감과 기대감을 함께 가진다.

그러면서도 오로지 자신의 미래가 지금, 오늘보다 한결 낫고 더 잘 되기를 바라며 살아간다. 하지만 도리스 데이가 반복해서 노래하듯이 "The future's not ours to see" 즉 미래는 눈에 보이는 것이 아니다. 결코 미리 볼 수 없다.

다시 말하면 내일은 아직 오지 않았거니와 내일, 미래에 대해서는 아무도 알 수 없다. 다만 지금보다 더 잘 되고, 더 낫기를 바랄 뿐이다. 물론 그런 소망을 갖는 것이 잘못은 아니지만 속절없는 기대감이다. 만일에 내일, 미래에 불행이 겹쳐서 오늘보다 더 나쁘다면 어찌할 것인가?

그 때문인지, 우리 사회가 암울한 탓인지 내일을 걱정하고 불안해하는 사람들이 많다. 특히 살아온 날들보다 앞으로 살아야 할 날들이 훨씬 많은 젊은이들이 자신의 앞날을 무척 걱정한다. 앞날을 걱정하며 갖가지 대책을 세운다면 흔히 말하는 '유비무환有備無患'이 된다.

하지만 분명한 것은 거듭해서 말하지만 아무리 상처가 많았더라도 과거는 이미 지나갔다. 19세기 미국을 대표하는 시인이었던 롱펠로Henry W. Longfellow는,

"미래를 신뢰하지 마라. 죽은 과거를 묻어버려라. 그리고 살아 있는 현재에 행동하라."

고 했다. 조선 후기의 최고 실학자 다산 정약용茶山 丁若鏞도,

"가버린 것은 좇을 수 없고, 장차 올 것은 기약하지 못한다. 지금 눈앞에 있는 이것이야말로 세상에 가장 큰 즐거움이다."라고 했다. '이것이야말로'는 지금 자신이 하고 있는 일, 자신의 생각과 행동 등을 가리킨다.

오늘을 '될 대로 돼라'는 식으로 덧없이 흘려보내면 행복도 흘러가 버린다. 원하는 것도, 인생의 목적도 없는 사람들에게 행복한 일은 일어나지 않는다. 행운은 그들에게서 아무 의도를 발견할 수 없기 때문에 그들 곁을 그냥 지나쳐 버릴 수 있다.

왜 나를 남과 비교해?

'사촌이 땅을 사면 배가 아프다'는 속담이 있다.

사촌은 친가족이나 다름없는 가까운 친척이다. 사촌이 땅을 사서 재산을 늘렸다면 축하하고 기뻐할 일이다. 그런데 왜 배가 아플까? 그렇지 못한 자신과 비교하니 은근히 시기심이 일어나기 때문이다. 그러한 불편한 심기를 차마 말로 표현할 수 없으니까 배가 아픈 것이다.

더욱이 요즘의 우리는 치열한 경쟁사회에 살고 있다. 어려서부터 경쟁을 의식하고 초등학교에 들어가도 경쟁해야 하니까 저절로 남과 비교하는 습성을 갖게 됐다. 남들에게 이겨야 하고 남들보다 잘해야 하니까 남들과 비교하지 않을 수 없다.

학생들의 학업성적도 그렇다. '절대평가'와 '상대평가'를 놓고 논란이 많지만, 지금까지 상대평가가 주도해 온 것이 사실이다. 상대평가야말로 남들과 비교해서 평가하는 것이다. 그처럼 남들과 비교해서 상대적으로 평가를 하게 되면 개인의 적성, 독창성 등은 무시될 수 밖에 없다.

행복도 그러하다. 행복이란 사람마다 인생관이나 가치관이 다르기 때문에 서로 다르기 마련이다. 일반적으로 보통사람들은 돈과 재산을 많이 갖게 되는 것을 행복으로 생각하지만 모든 사람이 다 똑같은 것은 아니다. 그럼에도 다른 사람의 행복과 자신의 행복을 비교한다.

돈과 재산이 많은 사람은 마치 자신이 행복의 표본이며 상징처럼 행세하고 그 보다 재산이 적은 사람은 그런 사람을 부러워한다. 그것은 재산을 행복의 척도로 생각하는 사람끼리나 서로 비교할 일이다.

어떤 사람은 재산보다 명예를 얻는 것을 행복하게 생각하고, 또 어떤 사람은 남을 돕는 일에서 행복을 얻는다. 그런가 하면 아무 것도 갖지 않은 무소유를 행복하게 생각하는 사람도 있다.

이처럼 사람마다 행복의 가치가 다른데 어떻게 비교할 수 있단 말인가? 돈 많은 부자와 뛰어난 연구 성과로 인류의 발전에 기여한 학자와 누가 더 행복한가를 비교할 수 있을까?

평범한 사람들은 남들과 온갖 것을 비교한다. 특히 자기와 가깝고 잘 아는 사람들과 자신을 비교한다. 여자들은 동창생이 자기보다 잘 살면

부러워하고, 자기는 갖지 못한 명품 백을 가졌어도 부러워하고 값 비싼 좋은 옷을 입었어도 부러워한다. 가정주부들은 이웃집 남편과 자기 남편의 행실을 비교하며 불평을 늘어놓기도 한다.

그뿐 아니라 가까운 사람과 누가 더 잘 사는지 비교한다. 자신이 상대방보다 못 산다고 생각하면 열등감과 함께 자신의 환경과 여건을 탓하기도 한다. 잘 산다는 기준은 어디에 있는 걸까? 돈이 많고 평수가 넓은 아파트에 살면 반드시 행복하게 잘 사는 걸까?

재산은 많지만 부부 사이에 불화와 갈등이 심해서 이혼을 고려하고 있거나, 가족끼리 재산분쟁으로 필사적으로 다투고 있다면 과연 행복할까? 비록 재산은 그보다 훨씬 적어 가난하지만 부부애가 돈독하고 가족끼리 화목한 사람과 누가 더 행복하고, 누가 더 잘 사는 걸까?

특히 요즘 젊은이들은 남들과의 비교에 무척 시달린다.

학창 시절에는,

"너는 왜 000를 한 번도 이기지 못하니? 항상 성적이 000한테 뒤지는 이유가 뭐야?"

하며 윽박지르는 어머니한테 시달리고, 20대에 들어서면,

"너는 애인도 없니? 네 친구들은 다 애인이 있다는데 너는 왜 없는 거야?"

하는 비교에 시달린다.

아무리 노력해도 좀처럼 취업을 못하고 있으면,

"000는 대기업에 취업했다더라. 그런데 너는 왜 취업을 못하는 거냐? 000 엄마의 자기 아들 자랑이 눈꼴사나워서 못 견디겠다. 제발 엄마 체면 좀 살려 줘라."

끊임없이 시달린다.

"000는 내 친구지만 나하고 추구하는 것이 서로 달라요."

하고 변명해 봤자 소용없다.

진정으로 행복을 바란다면 남들과 비교하지 말아야 한다. 서로 인생관과 가치관이 다르고 추구하는 행복의 가치가 다른데 어떻게 비교할 수 있겠는가? 더구나 남들과 비교해서 자신이 더 앞서고 낫다고 한들, 무엇이 달라지겠는가?

남들을 곁눈질하지 말고 자신의 목표를 향해 한 걸음씩 앞으로 나아가는 사람이 마침내 승자가 된다는 것은 상식이다. 우리가 잘 아는 '토끼와 거북이' 우화를 보라. 발빠른 토끼와 느림보 거북이가 달리기 경주를 했는데 뜻밖에 예상을 뒤엎고 거북이가 이겼다는 얘기다.

어떻게 느림보 거북이가 이겼을까?

토끼는 상대를 봤지만 거북이는 목표를 봤기 때문이라고 말한다. 토끼는 자기가 거북이보다 빠르다는 것을 잘 알고 여유를 부렸다. 상대를 얕잡아 보고 훨씬 뒤떨어진 거북이를 비웃으며 달리기를 멈추고 낮잠까지 잤다. 그러는 동안, 거북이는 꾸준히 달려 목표에 도달한 것이다.

남과 비교한다는 것은 자신의 목표보다 토끼처럼 상대를 보는 것이다. 상대를 보고 비교하면 상대와 동등해 질 수는 있어도 상대를 능가할 수는 없다. 그런데 왜 남들과 자신을 비교하려고 할까? 그것은 남들이 자기보다 더 행복하다고 생각하는 착각 때문이다.

18세기 프랑스의 저명한 법학자 몽테스키외Montesquieu는 행복을 원한다면 남들과 비교하지 말아야 한다며 이런 말을 남겼다.

"단지 행복해지려고만 한다면 쉽게 행복해 질 수 있다. 그러나 우리는 다른 사람들보다 더 행복하기를 바란다. 남들보다 행복하게 되는 것은 항상 어려운 일이다. 왜냐하면 우리는 다른 사람들이 실제보다 더 행복하다고 믿기 때문이다."

남들과 자신을 비교하는 사람들은 자기가 그들보다 행복하지 못하다는 생각을 갖게 되면 보편적으로 두 가지 반응을 나타낸다.

하나는 은근히 남이 잘 되는 것을 시기한다. 자기와 가까운 사람이 잘 될수록 시기심과 질투심이 더욱 커진다. 그러나 노골적으로 자신의 감정을 드러낼 수 없으니까 혼자 가슴앓이를 하고 엉뚱하게 욕구불만을 표출하거나 공연한 분노감 또는 우울증에 시달린다. 식욕이 떨어지고 위장장애, 심한 스트레스에 시달리기도 한다. 스스로 자신을 황폐화시키는 것이다.

또 하나는 자신이 남보다 행복하지 못한 이유와 구실을 만드는 것이다. 자신의 능력이나 선택과 결정의 부족함은 외면하고 환경과 여건을 탓한다.

자기보다 잘 나가고 있는 가까운 비교 상대는 부모가 재력이나 권력이 있어서 큰 도움을 받았기 때문이라고 폄하하며 자기도 그런 환경과 여건에 있었으면 상대보다 더 잘 나갈 수 있었을 것이라고 변명한다. 그렇지 않으면 상대는 부정과 비리, 투기 등으로 부당하게 부를 축적한 것이라고 은근히 비난하며 자신은 정직하게 살아왔기에 성공하지 못하는 것이라고 변명한다.

자신의 환경과 여건을 탓하는 것이 성공하지 못하고 행복하지 못한 사람들의 전형적인 특징이다. 그런 사람들은 변화와 자기발전이 불가능해서 성공도, 행복도 성취하기 어렵다. 탓할 것은 자신의 환경과 여건이 아니라 바로 자기 자신이다.

남들과는 전혀 무관하게 자신의 삶을 이끌어갈 용기가 있어야 한다. 어떤 상대를 겨냥해서 자신과 비교할 것이 아니라 자신의 삶은 자신이 주도해야 한다.

그러자면 상대와 비교할 것이 아니라, 먼저 자기 자신과의 싸움에서 이겨야 한다. 무엇인가 자신이 의도하는 것이 잘 안 풀린다면 자기혁신이 필요하다.

어느 재벌 총수가 임직원들에게 혁신을 강조하며,

“마누라와 자식 빼고 다 바꿔라.”

라고 외친 것을 기억할 것이다. 과감하게 자기 자신을 바꿀 수 있어야 한다.

남들이 자기보다 행복하다고 해서 자신과 아무런 상관도 없다. 또한 자신이 생각하는 것처럼 남들이 모두 자기보다 행복한 것도 아니다. 남들과 비교하는 잘못된 습성에서 벗어나, 오직 자기 자신에게 충실하면 얼마든지 자기가 생각하는 남들처럼 행복해질 수 있다.

고대 로마의 사상가 세네카가 말했다.

“남들에게 행복하게 비춰지는 것이 아닌,
자신이 그렇게 여기는 것,
그것이 진정한 행복이다.”

이기고 싶다면 버려라

'저장강박증'이 있다. 지나치게 물건들에 집착하면서 쓸모가 있든 없든 자기 손에 들어온 물건들을 끊임없이 저장하며 어느 것도 버리지 못하는 것이 '저장강박증'이다. 수집 취미와는 전혀 다른 일종의 강박장애다. 그 정도가 지나치면 행동장애 등의 정신질환이 된다.

정도의 차이가 있지만 우리는 누구나 저장강박증이 있다. 소유욕은 동물적 본능이기도 하다. 우리는 자신이 애착심을 갖고 있는 물건을 되도록 오래 가지고 있으려 하고, 당장은 사용하지 않거나 쓸모가 없더라도 언젠가 필요할 때가 있을 것이라는 생각으로 여간해서는 버리지 않는다.

동물들도 저장할 줄 안다. 모든 동물들이 그런 것은 아니지만, 눈앞에 먹거리가 많으면 마구 먹어대고 얼굴의 양쪽 볼이 튀어나오도록 입안에 먹거리를 가득 넣는다. 그것도 일종의 저장이다. 실컷 먹고 남은 먹거리를 땅속이나 수풀 속에 묻고 저장하는 동물들도 있다.

저장강박증은 보편적으로 물건 소유에 해당되지만, 우리 인간은 물건만 버리지 못하는 것이 아니다. 첨단기술의 발달로 홍수처럼 넘쳐흐르는 지식과 정보, 개인적인 소통들도 필요하다고 느껴지면 인터넷, 스마트폰 등에 어김없이 저장한다.

추억이나 기억 등, 과거도 쉽게 버리지 못한다. 실패를 거듭했더라도 자기 자신의 지난 흔적을 버리지 못하고, 원한과 증오를 버리지 못하고, 좋은 인연이든 나쁜 인연이든 자신이 경험한 인간관계도 쉽사리 버리지 못한다. 더러는 지나간 것들에 집착해서 앞으로 나아가지 못하기도 한다.

우리는 이겨야 산다. 자신이 살아 있다는 것도 이긴 것이다. 인류의 먼 조상들은 자연의 온갖 악조건들과 싸워 이겨서 살아남아 인류를 번성시켜 오늘의 우리들을 있게 했다. 우리는 치열한 경쟁사회에 살면서 남들을 이겨야 원하는 것을 얻을 수 있다. 자신의 열악한 환경이나 여건들과 싸워 이겨야 성공하고 행복을 거머쥘 수 있다.

이겨야 하는 가장 힘든 싸움이 자기 자신과의 싸움이다.

우리 인간에겐 힘들고 귀찮은 것을 피하고, 편안하고 싶은 욕구가 있다. 편안함은 되도록 움직이지 않으려는 나태함과 게으름을 가져온다. 그리하여 편안함은 '멈춤'이며 멈춰 있으면 발전하고 성장할 수 없다고 했다.

우리는 편안함에 안주하며 쾌락, 쾌감, 힘들지 않은 즐길거리를 찾으려는 본성이 있으며 그것을 의식적으로 합리화시키려고 한다. 자신이 발전하려면 그러한 본성들과 싸워 이겨야 한다.

자신과의 싸움은 몹시 불편하다.
온갖 불편함을 감수하고 싸워서 이겨야 한다.

그러면 어떻게 자기 자신과의 싸움에서 이길 수 있을까?

무엇보다 먼저 싸울 수 있는 준비태세를 갖춰야 한다. 자신과 싸워 이기겠다는 의지가 있다면 행동으로 옮길 수 있는 준비태세가 갖춰져야 한다. 그럼 어떻게 준비태세를 갖출 것인가? 많은 것을 과감하게 버리는 것이다.

버리다니, 무엇을 버리라는 말인가? 자신을 비우라는 것이다.

"무엇을 꼭 쥔 두 손으로는 아무 것도 잡을 수 없다. 지금보다 더 좋은 것을 갖고 싶으면 먼저 두 손에 쥔 것들을 버려야 한다."는 서양 속담이 있다.

공자孔子도 '회사후소繪事後素'라고 했다. 그림을 그리려면 먼저 그림을 그릴 도화지를 깨끗하게 해야 한다는 뜻이다. 도화지가 깨끗해야 그 종이에 자기가 원하는 그림을 그릴 수 있는 것 아니겠는가.

그릇에 불필요한 것들이 가득 차 있으면 새 것을 담을 수 없다. 새 것을 담으려면 당연히 불필요한 것들을 버리고 그릇을 비워야 한다. 반드시 자기가 갖고 있는 물건들을 버리라는 얘기가 아니다.

이미 지나간 과거를 버리고, 편안함을 버리고, 바람직하지 못한 성격, 낡은 습성 따위를 과감하게 버리라는 것이다. 변화없는 사고방식이나 고착화된 행동방식도 버려야 한다는 것이다.

새끼로 태어나는 생명은 어미의 엄청난 고통이 있어야 하며, 알에서 태어나는 생명은 껍질을 깨는 아픔이 있어야 한다. 흔히 말하듯이 '껍질을 깨는 아픔'이 없으면 새로운 변신을 할 수 없다.

그처럼 자신의 낡은 것, 불필요한 것들을 과감하게 버렸다면 '회자후소' 즉 도화지를 깨끗하게 만드는 것이다. 그것만으로도 자기 자신과의 싸움에서 이긴 것이다. 그 다음 자신이 그리고자 하는 그림을 그려나가기 시작해야 한다.

자신이 원하는 그림이란 어떤 그림인가? 자신이 추구하는 목표, 꿈, 행복의 성취가 아니겠는가? 그것이 뚜렷해야 좋은 그림을 그릴 수 있다. 그것이 분명하지 못하고 막연하면 원하는 그림, 좋은 그림이 그려질 수 없다.

행복은 아주 많은 사람들이 추구하는 인생의 최고 가치라고 할 수 있다. 그런데 우리는 여기서 한 가지 난제難題와 부딪치게 된다. 우리는 어떡해서든지 행복을 얻으려고 사는 것인가, 아니면 행복하게 살기 위한 것인가 하는 문제다. 얼핏 '닭이 먼저냐 달걀이 먼저냐'와 같은 난제다. 하지만 쉽게 이해하자면 '행복이 먼저냐, 삶이 먼저냐'라고 할 수 있다.

사실 그 해답은 간단하다. 당연히 삶이 우선이 아니겠는가?

좀 더 쉽게 풀어보면, 많은 사람들이 행복을 얻기 위해 아등바등 살아가지만, 행복은 인생의 목표, 종착점이 아니라 우리가 살아가는 과정이다. 그 과정이 행복하면 인생이 행복한 것이다.

자기 자신의 많은 것을 버리고 새로운 그림을
그리기 시작했다면 완성된 그림보다
그림을 그리는 과정에서 행복을 느낄 수 있어야 한다.

내일은 아직 오지 않은 날이며 자신의 내일은 아무도 모른다. 자신이 그토록 바라는 행복을 얻지 못하고 인생을 마감하게 될지도 모른다. 내일의 일은 전혀 알 수 없기 때문이다. 그렇다면 내가 살아 있는 오늘이 가장 중요하다는 것은 두말할 필요도 없다.

더없이 좋은 그림을 완성하고 싶지만 그림 그리는 과정이 너무 힘들고, 그림을 그리는 동안에 뜻하지 않은 불행을 겪어 그림을 중단하게 될지도 모른다. 또는 그림을 완성하지 못한 채 삶을 마감하게 될지도 모른다. 하지만 오늘만큼은 모든 것을 잊고 오직 그림에 몰두할 수 있는 것이다.

자신의 행복이라는 그림을 그리는 과정이 즐겁다면 그것이 곧 행복이다. 오늘 자신의 그림에 색칠 하나하나, 붓질 하나하나가 바로 행복이다. 그것은 또한 자신과의 싸움에서 이긴 것이며 많은 것을 버리고 행복으로 빈자리를 채운 것이다.

오늘을 가슴 설레는 날이 되게 하자

잠을 푹 자고 아침에 일찍 일어나면 상쾌하다. 저절로 의욕과 활력이 생긴다. 창문을 열고 신선한 아침 공기를 마시면 머리가 맑아진다. 왠지 오늘은 모든 것이 잘될 것 같은 예감이 오고 그 때문에 가슴이 설렌다. 아침 식사 전에 산책이라도 하면 오늘 하루에 대한 기대감에 가슴이 부풀고 불쑥불쑥 좋은 아이디어들도 떠오른다.

왜 그럴까? 우리 인간은 본질적으로 '아침형 인간'이기 때문이다.

우리 인류의 조상들은 날이 어두워지면 동굴에서 잠을 잤고, 날이 밝아오면 눈을 떴다. 대부분의 포식동물, 맹수들은 야행성이다. 주로 밤에 먹잇감을 사냥한다. 몸집이 작고 민첩하지 못했던 인류의 조상들은 밤에는 숨어 있어야 안전했으며 어두워지면 아무 것도 할 수 없었다.

그들은 온종일 사냥감을 찾고 열매를 찾아 산과 들을 헤맸기 때문에 무척 피곤했다. 열악한 환경에서 이동하는 거리도 상당해서 지칠 수밖에 없었다. 그리하여 캄캄한 밤이 되면 안전한 동굴 안에 쓰러져 깊은 잠이 들었다. 죽은 듯이 푹 잤다. 숙면을 한 것이다.

이러한 습성이 DNA가 되어 우리에게 유전됐다. 신체리듬이 하루 24시간에 맞춰졌고 낮에 활동하도록 적응됐다. 오늘날도 전 세계 어디든 낮에 활동하도록 모든 일과日課가 설계돼 있다.

잠을 푹 자고 아침에 날이 밝기가 바쁘게 일찍 일어나야 머리가 맑아지고 신체리듬이 왕성해져 의욕이 솟구친다. 우리가 선천적으로 주행성 동물로 '아침형 인간'이라는 것을 말해 준다.

그런데 인류가 불을 발견하고 활용할 수 있게 되면서 밤 시간이 길어졌다. 밤에 낮처럼 활동할 수는 없지만 여가를 즐길 수 있는 시간이 생겨난 것이다. 더욱이 문명이 탄생하며 밤 시간을 이용해서 여가를 즐길 다양한 방법들이 늘어났다.

마침내 낮을 밝히는 햇빛만큼 밝은 빛을 내는 전기가 발명됐다. 낮과 밤의 구분이 큰 의미가 없어졌다. 낮과 같은 밤을 즐기는 사람들이 늘어났고 밤에 활동하는 사람들도 크게 늘어났다. 그에 따라 다양한 편의시설들이 생겨났고 밤에도 불편함이 사라져서 낮보다 오히려 밤에 활동하는 사람들이 많아졌다.

낮과 같은 밤 시간을 단순히 즐기는 사람들도 많지만 밤 시간에 낮처럼 활동하는 사람들, 즉 낮과 밤이 바뀐 사람들도 그 숫자가 상당하다. 그러한 저녁형 인간들이 밤에 하는 활동이 전혀 장점이 없는 것은 아니다.

모든 것이 차분하게 가라앉은 밤 시간에 활동하면 집중력이 한결 높아질 수 있다. 그 때문에 집중력이 절대적으로 필요한 예술가들 가운데 저녁형 인간, 야행성 인간이 많다. 그들은 한밤중에 작업하고 아침에는 늦도록 잠을 자는 것이 보통이다. 수면시간은 아침형 인간이나 저녁형 인간이나 비슷하기 마련이다.

또한 그날 해야 할 일을 낮 시간에 다 마치지 못해 밤 시간을 이용해서 늦게까지 계속하는 경우도 적지 않다. 직장인들의 야근이 그것이다. 현대는 직업도 다양해지면서 필요성에 따라 야간근무, 철야근무와 같이 낮에는 쉬고 밤에만 일하는 직업들도 생겨났다.

우리는 흔히 아침에 일찍 일어나는 사람을 부지런하다고 말하고, 늦잠 자는 사람을 게으르다고 말한다. 우리의 평균적 수면 시간은 대략 8시간이다. 아침 6시를 전후해 일어나서 밤 10, 11시경에 잠자리에 드는 것이 가장 이상적이라고 한다.

아침 6시에 일어나면 하루가 한결 길게 느껴진다. 실제적으로 활동시간이 많아지는 것이 사실이다. 보편적으로 하루 일과가 시작되는 아침 9시까지도 3시간의 여유가 있다. 그 시간이면 무엇인가 한 가지 일을 할 수 있다. 그래서 아침형 인간은 인생을 두 배로 사는 것이나 다름없다고 말한다.

예로부터 '일찍 일어나는 사람이 멀리 간다.'고 했다. 일찍 일어날수록 다른 사람보다 많은 일을 할 수 있다. 게으른 농부는 논밭을 망친다. 해가 뜨기 전에 논밭에 나와서 잡초를 뽑고 벌레를 잡고 물을 줘야 햇빛이 날 때 작물들이 잘 자란다. 아침을 지배하는 사람이 성공한다고 할 만큼 아침형 인간이 그만큼 성공확률이 높다.

아침에 일찍 일어나는 사람은 가슴이 설레기 마련이다. 활동할 수 있는 시간이 그만큼 길기 때문에 많은 일을 할 수 있다는 기쁨으로 설렌다. 이른 아침에는 기분이 상쾌해서 좋은 생각들도 잘 떠오른다. 실제로 오늘 가장 하고 싶은 일, 중요한 일은 아침에 계획하는 것이 이상적이다. 그래서 '아침의 한 시간이 인생을 변화시킨다'고 한다.

현대그룹의 고故 정주영 회장이나 '애플'의 스티브 잡스는 전형적인 아침형 인간이다. 정주영 회장은 세상을 떠날 때까지 새벽 4시면 잠에서 깼으며 늦어도 6시에는 하루 일과를 시작했다. 그는 아침 일찍 잠에서 깨면 마치 소풍가는 날처럼 가슴이 설렌다고 회고했다. 스티브 잡스도 아침 일찍 일어나서 오늘이 이 세상의 마지막 날처럼 일했다.

아침 일찍 일어나면 가슴이 설레는 것은
그만큼 의욕이 충만하기 때문이다.

어떤 난관이 있어도 이겨낼 것 같이 솟구치는 의욕과 자신감은 아침형 인간이 아니면 경험하기 어렵다. 한밤중에 작업하고 아침에 늦게 일어나는 사람은 낮에 활동하는 것보다 피로가 한결 심하다. 왜 그럴까? 우리의 태생적인 신체 리듬에서 어긋나기 때문이다. 신체 리듬이 맞지 않으니까 머리가 맑지 못하고 몸이 피로하다.

다만, 아침형 인간에게는 두 가지가 필요하다.

하나는 숙면이다. 우리의 잠자는 시간은 평균 8시간이 이상적이지만, 체질이나 습관에 따라 사람마다 다르다. 어떤 사람은 4시간만 자고도 전혀 불편이 없는가 하면, 어떤 사람은 하루 10시간을 자고도 낮에 꾸벅꾸벅 조는 사람도 있다.

몇 시간을 자느냐가 중요한 것이 아니라 숙면이 필요하다. 하루 서너 시간만 자더라도 깊이 잠들어 푹 자고 나면 정신과 몸이 거뜬하다. 숙면을 하려면 잠자리에 들면서 잡념들을 없애야 한다. 이런 저런 걱정과 잡생각들이 많으면 깊이 잠들 수가 없다.

요즘 젊은이들은 침대에서도 스마트폰으로 문자를 주고받고 머리 가까이에 스마트폰을 놓고 억지로 잠을 청한다. 행여 깊은 밤중에도 문자나 전화가 걸려올지 모른다는 생각에 깊이 잠이 들지 못한다. 아침에 눈을 뜨면 머리가 띵하고 몸이 피곤하다. 숙면하는 사람들은 대개 낮 시간에 맹렬하게 활동한 사람들이다. 낮에 일에 몰입했기 때문에 피곤해서 잠이 잘 오고 하루 동안 최선을 다했으니까 잡념이 없어서 깊이 잠든다.

또 하나는 반드시 아침식사를 하는 것이 좋다.

요즘 젊은이들은 여러 이유로 아침식사를 거른다. 젊은 여성들은 다이어트를 위해 아침을 굶고, 늦도록 밤 시간을 즐기고 워낙 늦게 잠자리에 들어 간신히 일어나기 때문에 시간이 부족하고 출근시간에 쫓겨 아침을 먹지 않는다. 그러다가 아침식사를 안 하는 것이 습관이 된 젊은이들이 적지 않다.

아침식사를 해야 잠자는 동안 휴식상태에 있던 신체의 모든 기관들이 에너지를 얻어 원활하게 움직인다. 뇌 활동도 에너지가 있어야 활성화된다. 잘 먹고 잘 자면 그것만으로도 충분히 건강하다.

오늘을 가슴 설레고 두근거리게 하라.

일본의 저술가 모치즈키 도시타카는 그가 쓴 〈내일을 바꾸는 3분 습관〉에서 행복하고 성공한 사람들의 비밀을,

"첫째 자신의 과거에 감사하고, 둘째 미래의 꿈을 꾸며, 셋째 현재를 설레며 산다."

라고 했다.

설렘이 있으려면 아침형 인간이 돼야 한다. 새로운 오늘의 시작은 아

침이다. 아침 6시에 일어나면 12시까지 6시간을 활용할 수 있다. 12시부터 오후 6시 퇴근 시간보다 활동할 시간이 더 많다.

'아침을 보면 그 사람의 미래가 보인다.'고 한다. '일찍 일어나는 새가 벌레를 잡는다.'는 말이 헛소리가 아니다. 아침에 가슴 설레는 사람이 진정으로 행복한 사람이다.

자기 자신을 믿어야 행복하다

인간은 무리지어 사는 동물이다. 사람들끼리 어울리고 더불어 공동체를 구성하고 살아가는 사회적 동물이다. 무리지어 사는 동물의 세계에서는 힘이 지배하지만 인간사회를 지배하는 것은 신뢰다. 서로 믿고 사는 것이다.

인간들이 스스로 만든 법과 질서 등이 있어서 정의롭게 서로 돕고 믿으며 살아가는 것이 인간사회다. 우리는 서로 믿기 때문에 외딴 밤거리를 혼자 다니고 두려움 없이 낯선 곳에 간다. 신뢰가 없다면 무슨 곤경에 빠질지 몰라 집밖에 나서기도 두렵다.

인간관계도 모두 신뢰를 바탕으로 이루어진다. 누군가와 만나기로 약속을 하면 상대방이 틀림없이 정해진 시간에 약속장소에 나타날 것으로 믿고 서슴없이 그곳으로 향한다. 전혀 모르는 낯선 사람과 호젓한 곳에 함께 있기도 한다. 그 사람의 인격을 믿기 때문이다. 요즘 세상에는 가짜가 판을 친다. 진짜처럼 믿게 만들어 놓은 가짜로 속인다. 우리가 믿고 먹고 건강과 영양에 도움을 줄 것으로 믿는 먹거리들에도 가짜가 넘쳐난다.

최근 큰 이슈가 되는 가습기 살균제 사건만 하더라도 안전하다고 선전했지만 인체에 치명적인 해를 끼치는 유해물질이 많은 사람, 특히 어린이들의 생명을 앗아간 것이다. 신뢰를 저버리고 속인 것이다.

온갖 사기행위들도 넘쳐난다. 경제가 어려워 살기 힘든 탓도 있겠지만 노력하지 않고 손쉽게 돈을 벌려는 욕심 때문이다. 보이스 피싱을 비롯해서 그럴 듯하게 믿음을 주고 상대방의 재물을 강탈하는 것이 사기다. 사기행위가 많아 '사기공화국'이라고 자탄할 지경이다.

그것뿐만이 아니다. 신뢰를 무너뜨리는 행위는 도처에 얼마든지 있다. 이른바 '노쇼No Show'도 인간이 인간을 못 믿게 한다. '노쇼'란 음식점, 각종 공연, 여행, 비행기 탑승 등을 미리 예약해 놓고 연락도 없이 안 나타나는 것이다.

해당 업체나 공연장 등에서는 예약을 믿고 미리 자리를 비워 두기 마련인데 예약한 사람들이 아무 연락도 없이 안 나타나면 낭패를 본다. 손해가 이만저만이 아니다. 신뢰를 깨트려 사람을 못 믿게 하는 파렴치

한 행위다.

얼마 전, 서울에서는 20대 초반의 젊은 여성이 어느 카페에서 친구들과 어울리다가 화장실에 갔는데 그곳에 숨어 있던 청년에게 흉기로 찔려 졸지에 목숨을 잃었다. 범인은 정신분열증이 있다지만 이른바 '묻지마 범죄'였다. 아무도 못 믿을 세상이다. 신뢰가 완전히 무너지고 있다.

최근 '다음소프트'가 빅 데이터 5억 3천만 건을 분석한 결과, '의심' '못 믿겠다'는 내용과 함께 가장 많이 등장한 사람이 남편이었다고 발표했다. 부부는 일심동체라고 했는데 아내가 자기 남편을 못 믿는 세상이 된 것이다.

젊은 여성들이 자신의 남자친구를 못 믿는 것은 연인관계임에도 남자가 여자를 상습적으로 폭행하는 이른바 '데이트 폭력'이 흔한 일이 됐으며, 마음이 맞지 않아 남친과 헤어지려면 남자가 물리적으로 보복하는 '이별살인'과 같은 애정범죄 때문이다. 이젠 '사랑'조차 믿을 수 없는 세상이 된 것이다.

자신과 가장 가까운 가족, 친구, 연인, 직장동료를 믿을 수 없다니 과연 믿을 사람이 어디 있겠는가? 그야말로 아무도 믿을 수 없는 세상이다.

이처럼 더없이 가까운 사람들조차 못 믿는 세상이 되다 보니 심지어 자기가 자신을 믿지 못하는 '자기불신自己不信'의 세상이 되고 있다.

자기불신의 이유는 여러 가지가 있다.

첫째, 자신감 부족이다.

젊은이들은 부모의 과잉보호를 받으며 의존적으로 성장했다. 이기주의가 강하면서도 스스로의 선택과 결정이 몹시 미숙하다. 반드시 자신이 선택하고 결정해야 할 것이라도 그 판단이 옳다는 확신이 없고 믿음이 없다.

둘째, 불안감이다.

심각한 취업난에 시달리는 등 무엇 한 가지 자신이 원하는 대로 풀리지 않고 사회는 갈수록 혼란스러워 자신의 미래가 불안한 것이다. 자기도 앞으로 어떻게 될지 모르니 자기가 자신을 믿지 못하게 되는 것이다.

셋째, 생각과 행동의 어긋남이다.

올바르고 바람직한 생각은 많지만, 그 생각을 실질적으로 행동으로 옮기지 못한다. 담배를 끊어야겠다고 생각하고 금연을 시작하지만 며칠 가지 못하고 다시 담배를 피우게 되는 것처럼 생각과 행동이 일치하지 않는다. 자기가 자신을 못 믿게 된다.

넷째, 남과의 비교다.

앞의 항목에서 자신을 남과 비교하지 말아야 한다고 했지만, 우리의 오랜 습성이 자신과 남을 비교하게 만든다. 자기 주변과 또래들이 훨씬 잘나가고 있으면 왠지 자신은 그렇게 되기 어렵다는 열등의식이 생긴다. 그것 역시 자신의 능력이나 잠재력을 믿지 못하는 것이다.

그렇다면 어떻게 해야 자기 자신을 믿을 수 있을까?

무엇보다 자기 자신, 즉 나를 인정해야 한다. 내가 나를 인정하지 못하는 것이 바로 자기불신이다.

미국의 인기 시트콤이었던 〈섹스 앤 더 시티〉에서 크게 각광받은 여배우 캐리 브래드쇼Carrie Bradshaw가 이런 말을 했다.

"가장 흥분되고 도전적이며 중요한 과제는 자기 자신과의 관계다. 내가 나를 사랑하고, 그런 내 모습을 사랑해 주는 사람을 만난다면 그보다 멋진 일은 없을 것이다."

누구나 이 세상의 중심은 자기 자신이다. 모든 것은 나로부터 시작된다. 내가 나를 사랑하고, 내가 나를 인정해야 중심이 흔들리지 않는다. 미국의 심리학자 웨인 다이어Wayne Dyer교수는 그의 저서 〈행복한 이기주의자〉에서 '나의 가치'에 대해 설명했다.

"나의 가치는 다른 사람에 의해 검증될 수 없다. 내가 소중한 이유는 내가 스스로 소중하다고 믿기 때문이다. 다른 사람들로부터 나의 가치를 구하려 한다면 그것은 다른 사람의 가치일 뿐이다."

남들이 자신을 어떻게 평가하든 자신을 믿어야 한다. 미래에 대한 불안감은 자기만의 문제가 아니다. 거의 모든 사람들이 미래를 불안해 한다.

미국의 흑인 인권운동가였던 마틴 루터 킹 목사는,

"인생은 경주가 아니다. 누가 일등으로 들어오느냐로 성공을 따지는 경주가 아니다. 내가 얼마나 의미 있고 행복한 시간을 보내느냐가 바로 성공의 열쇠다."

라고 했다.

남들의 행복은 남들의 일일 뿐이다. 자신과 비교할 일이 아니다. 자신을 믿고 온갖 악조건들을 헤쳐 나가며 하고자 하는 것을 용기 있게 밀고 나갈 때 스스로 행복할 것이다. 남들과 견줄 일이 아니다. 나의 행복은 나만의 것이다.

기다리지 마라, 찾아가라

'편안함'과 '기다림'은 우리 삶의 일부일지 모른다. 우리에게는 끊임없이 편안하려 하고, 무엇인가 한없이 기다리는 습성이 있다. 편안함과 기다림은 서로 성질이 다른 것 같지만 떼어 놓을 수 없는 관련이 있다.

편안하고 싶은 인간의 욕구는 삶의 질을 향상시키는 데 크게 기여했다. 조금이라도 더 편안하려고 하는 욕구가 과학 기술을 발전시켰다. 지금 자신의 삶에 아무런 불편이 없고 편안하며 큰 욕심을 내지 않는다면 그 편안함만으로도 충분히 행복하다.

하지만 편안하고 싶은 욕구는 안이함과 나태함을 수반하고, 불편함을 의식적으로 회피하려는 바람직하지 못한 습성을 갖게 한다. 우리의 삶은 순조롭고 아늑하고 편안한 것이 아니다. 수많은 우여곡절과 파란만장을 겪으며 성숙하고 성장한다.

고난, 시련 따위들은 편안함과 거리가 멀다. 대부분의 우리 삶은 그러한 악조건과 고통들을 피할 수 없다. 그것들은 몹시 불편한 것들이다. 그것들을 견디고 이겨내는 과정도 편안할 수 없다. 불편을 감수해야 한다.

미국의 베스트셀러 작가인 피터 맥 윌리엄스Peter Mac Williams는,

"기꺼이 불편함을 감수하라. 편안한 것이 오히려 불편한 것이다. 불편함을 받아들이는 것은 어려울 수 있다. 하지만 불편함은 자신이 바라는 꿈(소망)대로 살아가는 데 대한 작은 대가일 뿐이다."

라고 했다.

행복하게 살려면 불편함이라는 대가代價를 치러야 한다는 것이다. 그럼에도 우리는 의식적으로 불편을 회피하려고 한다. 회피한다고 그러한 불편들이 저절로 사라지지 않는다. 도리어 상황을 악화시키는 경우가 많다.

'기다림'도 빼놓을 수 없는 인간의 습성이다. 우리는 한없이, 하염없이 무엇인가 기다리며 살아간다.

"오늘보다 더 좋은 날이 오겠지."

"기다리다 보면 행복한 날이 올 거야."

무작정 내일을 기다리고, 행복을 기다리고, 자신의 이상적인 짝을 기다린다. 뿐만 아니라 자신이 성공하는 날이 오기를 기다리고, 행운을 기다리고, 인생역전 하기를 기다린다. 기다린다는 것은 희망이며, 희망이 있으면 삶에 대한 의욕이 강해지는 것은 사실이다.

자신이 진정으로 원하는 것,
기다리는 것을 얻고자 한다면
그만한 대가를 치러야 한다.

그만큼 노력하고 안간힘을 다해야 한다. 그럼에도 되도록 편안하게 살면서 행운과 횡재가 저절로 와 주기를 기다리는 것이 인간의 속성이다. 편안함은 곧 '멈춤'이라고 했듯이, 아무런 노력이나 시도하지 않는 기다림도 멈춤이다.

멈춰 있으면 자기성장을 기대할 수 없다. 자신이 기다리는 것들이 저절로 오지 않는다. 그처럼 원하는 행복도 오지 않는다. '뿌린 대로 거두리라.'는 빈말이 아니다. 자업자득, 사필귀정과 같은 한문의 사자성어들이 모두 '뿌린 대로 거두리라.'를 일컫는 말들이다.

그러면 어쩌다가 우리는 무작정 기다리는 습성을 갖게 됐을까?

편안함을 추구하기 때문이다. 우리가 공짜를 좋아하는 심리와 같다. 아무런 노력도 하지 않고 얻는 공짜는 달콤하다. 자신이 바라는 행복마

저도 공짜로 와 주기를 편안하게 기다리는 것이다.

그러나 힘들고 각박한 세상에 공짜는 없다. 자신이 진정으로 원하는 것, 기다리는 것이 있다면 공짜로 와 주기를 기대하지 말고 그만한 대가를 지불해야 한다. 편안하게 기다리지 말고 적극적으로 찾아나서야 한다.

우리가 잘 아는 중국 〈삼국지〉에서 새로운 나라를 세우려는 유비劉備는 은둔생활을 하는 당대 최고 지략가인 제갈공명諸葛孔明의 도움을 얻기 위해 그의 초가집으로 세 번이나 찾아간다. 그것이 유명한 '삼고초려三顧草廬'다.

의형제를 맺은 유비, 관우, 장비는 군사軍師로 모실 유능한 인재를 얻기 위해 온갖 불편함을 감수하고 먼 곳에 있는 제갈공명을 세 번씩이나 찾아간다. 처음에는 대문도 열어주지 않고 만나 주지 않는 제갈공명을 자신들의 체면을 무릅쓰고 세 번씩 찾아가 간신히 허락을 받아낸다.

더구나 그 때 유비는 47세, 제갈공명은 그의 아들벌이라고 할 수 있는 27세였다. 자기가 원하는 것을 얻기 위해 체면, 모욕 따위는 염두에 없었다. 그러한 불편함의 감수로 결국 제갈공명을 얻었고, 유비는 자신이 추구하는 대업에 박차를 가했다.

스티브 잡스도 가만히 앉아 기다리지 않았다. 호주머니 돈에 불과한 겨우 1천 달러로 '애플'을 창업한 그는 자본 확충이 절실했다. 그는 꿈이 큰 만큼 통도 컸다. 가까운 주변에서 재력이 있다는 사람을 찾으려고 하지 않았다. 전국에 잘 알려진 내로라하는 저명한 자본가, 투자가들을 찾아갔다.

그러한 거물들이 겨우 20세의 낯선 풋내기 청년을 만나 줄 까닭이 없었다. 스티브 잡스는 불편함을 무릅쓰고 찾아가고 또 찾아갔다. 꼭 만나고 싶은 자본가가 자리에 없으면 몇 시간이라도 기다렸다.

그러다가 운 좋게 자본가와 마주하게 되면 '컴퓨터가 세상을 바꿀 것이다.' '머지않아 각 가정마다 개인용 컴퓨터(PC)를 갖게 될 것이다.'라는 확신을 내세우며 집요하게 설득했다. 마침내 빈털터리나 다름없는 스티브 잡스는 거액을 투자받아 '애플'을 일으켜 세웠다.

행운을 기다리지 마라. 편안함을 버리고 불편함을 감수하라. 자신에게 필요하다면 가리지 말고 지금 당장 먼저 찾아가야 한다. 몸을 사리지 않는 노력, 집념과 같은 대가를 지불해야 한다.

'목마른 자가 샘을 판다'고 예로부터 전해 오는 말이 있다. 샘물이 어느 날 갑자기 목마른 사람 앞에 나타나는 일은 없다. 목이 말라 물을 간절히 원하는 자가 샘물을 열심히 찾아나서야 한다.

기회가 오기를 기다리지 않고 자기에게 꼭 필요한 것을 적극적으로 찾아 나선다는 것은 단순히 어떤 만남을 성사시키는 것이 아니다. 바로 오늘을 충실하게 보내고 자신이 원하는 행복을 찾아가는 것이다.

휴식은 아무 것도 안 하는 것이 아니다

우리 몸은 정교한 기계나 다름없다. 성능이 우수한 어떠한 기계라도 무리하게 계속해서 작동을 시키면 고장이 난다. 과부하가 걸리든, 어느 부속이 망가지든, 부품들의 맞물림이 어긋나든 고장이 난다. 적당한 시간을 작동시키고 기계도 쉬게 해야 성능과 기능을 유지한다.

우리 몸도 마찬가지다. 두뇌와 오장육부가 서로 유기적으로 끊임없이 작동한다. 기계처럼 우리 몸에 이상이 생기는 것은 당연하다. 누구라도 각종 질병을 모두 피하기란 쉽지 않다. 언제 갑자기 어떤 이상이 올지 자신도 모른다.

당장 눈에 띄는 질병이 없더라도, 쉬지 않고 일을 계속하면 신체에 무리가 와서 과로, 무력증 같은 이상이 생긴다. 지나치면 살아 있는 동안 펌프질을 계속하는 심장의 무리로 덜컥 멈춰서기도 한다.

세상이 워낙 살기 어려운 탓인지, 여기저기서 '너무 힘들다' '지쳤다'는 하소연을 자주 듣는다. 대다수의 직장인들이 과중한 업무와 실적평가에 시달리며 지쳐 한다. 지쳤다는 것은 몸에 무리가 오고 이상이 온다는 예비 신호이다.

힘들고 지치는 것은 정신과 육체, 모두 해당된다. 정신은 불편한 생각들이 많으면 뇌가 압박을 받아 원활한 기능을 하지 못해 심각한 장애를 유발한다. 심리적 현상이지만 신체에 이상이 나타나는 질병으로 이어질 수 있다. 육체적으로 지치는 것은 말 그대로 육체를 무리하게 사용해서 기능에 이상이 생기는 것이다.

정신과 육체, 어느 쪽이든 혹사하면 무리가 온다. 그런 상태에서는 겉으로는 멀쩡해 보여도 활동성이 떨어져 어떤 일을 해도 뜻하지 않은 오류를 범한다. 기계에 무리가 왔을 때 가동을 멈추고 쉬게 하듯이 우리의 정신과 육체에도 휴식을 줘야 한다.

휴식의 방법에도 여러 가지가 있다.

우리가 밤에 잠을 자는 것은 정신과 육체에 규칙적으로 휴식을 주기 위한 자연의 메커니즘이다. '졸립다'는 것은 휴식이 필요하다는 것이다.

일상에서 벗어나 취미활동을 하거나 여행을 하는 것도 휴식이며, 친구들과 어울려 술 마시고 노래하고 춤추는 것도 휴식이다. 하지만 이러한 휴식은 일을 할 때나 큰 차이 없이 뇌와 신체가 모두 작동을 하고 있기 때문에 완전한 휴식이 되기는 어렵다. 그래서 그러한 것들도 지나치면 피로감이 온다. 다만 뇌의 압박이 이완돼 심리적으로 안정되고 즐거움이 생길 수 있다.

어떤 의미에서 진정한 휴식은 '아무 것도 하지 않는 것'이다. 휴식休息은 사전적으로 '일을 하는 도중에 잠깐 쉼'으로 풀이한다. 휴식은 일을 전제로 하며 일을 하다가 잠시 쉰다는 뜻이다. 쉰다는 것은 일을 하다가 잠시 아무것도 하지 않는 것이다. 심각한 취업난으로 취업을 못하고 오랫동안 놀고 있는 것은 휴식이 아니다.

일을 하다가 잠시 휴식을 취하면 대부분 자신이 하던 일과는 다른 행동을 한다. 잡담을 하거나 커피를 마시거나 컴퓨터를 검색하고 스마트폰을 체크한다. 그러한 행동은 잠시 하던 일을 안 할 뿐이지 진정한 휴식이라고 보기 어렵다.

출퇴근 시간에 시내버스나 지하철을 타는 것도 일은 안 하고 있지만 휴식하고 있다고 말하지는 않는다. 그야말로 정신과 육체를 완전히 쉬게 하는 것이 휴식이다. 요즘 이른바 '멍 때리기'가 관심을 끄는 것도 그 까닭이다. 아무 것도 안 하고 멍하게 가만히 앉아 있는 것이 '멍 때리기'다.

진정한 휴식을 취하면 우리 뇌와 신체가 편안해 진다. 힘들고 지친 정신과 육체가 어느 정도 회복될 수 있다. 하지만 진짜 휴식의 가치는 그것에만 있는 것은 아니다. 휴식에는 더 중요한 가치가 있다.

기계가 가동을 멈추는 동안 기술자들이 느슨해진 부품들을 조이고 기름칠을 해서 재가동할 때 원활하게 기능을 발휘할 수 있듯이, 휴식을 통해 자기 뇌와 몸의 에너지를 재충전하고 새로운 활력을 얻을 수 있어야 한다.

외국의 어느 원로 웹툰 작가는,

"사람들이 일에 전혀 집중하지 않을 때 가장 뛰어난 사고思考를 할 수 있다. 마음을 전혀 혹사하지 않고, 아무 것도 의식하지 않은 채, 텅 비워 둘 때 오히려 복잡한 문제들이 아주 잘 풀린다."

고 했다. '멍 때리기'처럼 마음을 쉬게 하고 우리 몸을 편히 쉬게 하면, 오히려 용량이 다 된 배터리를 충전하듯이 정신과 신체가 재충전되고 좋은 아이디어들이 떠오르며 창의력이 크게 향상된다.

요즘 일부 앞서 가는 기업들은 답답한 파티션에 갇힌 사무실의 고정된 자리에서 벗어나 업무에 얽매이지 않고 휴식하거나 자유롭게 산책을 하거나 근무시간에도 취미활동을 할 수 있는 자유를 보장해 준다.

휴식을 제공함으로써 새로운 아이디어, 창의력을 얻어낸다.

휴식은 아무 것도 안 하는 것 같지만 아무 것도 안 하는 것이 아니다. 자신의 몸과 마음을 가장 편한 상태로 만들어 에너지를 충전시켜 활력을 찾고 새로움을 얻는다.

그런 의미에서 휴식보다 '휴양休養'이 돼야 한다. 휴양은 휴식과 차이가 있다. 휴식은 일을 멈추고 잠시 쉬는 것이지만, 휴양은 편안히 쉬면서 지치거나 병든 몸과 마음을 회복하고 활력을 되찾는다.

온갖 사정으로 몹시 지친 우리에겐 휴식과 휴양이 필요하다. 요즘처럼 절박한 상황에서 쉴 때냐고 할지 모르지만 휴식이나 휴양은 아무 것도 안 하는 것이 아니다. 다시 힘차게 도전할 수 있는 몸과 마음을 만들고 있다. 쉬어야 한다고 생각하면 어김없이 쉬어야 한다.

잘 안 풀리면 거꾸로 뒤집어 보라

우리 인간은 지능이 발달해서 똑똑할 것 같지만 생각보다 맹하고 편협하다.

세계에서 가장 권위 있는 인지과학자인 미국 텍사스 주립대학의 아서 아크만 교수는 20년간 3만 명을 대상으로 500번의 실험을 통해 사람은 무조건 세 가지 사실만 기억한다는 것을 알아냈다고 한다.

한꺼번에 많은 것을 알려주려 하고, 한꺼번에 많은 지시를 해 봤자 헛수고라는 얘기다. 그 가운데 세 가지만 기억하니까 되도록 핵심만 간단명료하게 얘기해 줘야 한다.

그뿐 아니다. 우리는 자기가 믿는 것만 믿으려 하고, 자기가 좋아하는 것만 좋아하는 편견이 무척 심하다. 또한 자기 생각은 무조건 옳다는 착각에 잘 빠지고 '다름'과 '틀림'도 제대로 구별 못하는 사람이 많다. 그런가 하면 생각과 시야가 편협해서 사물을 다각적으로 보지 못하고 한쪽 면만 보고 섣불리 판단하는 습성이 있다.

가령 앞문, 즉 정문이 굳게 닫혀 있으면 어떡하든지 그 문을 어렵고 힘들게 열고 들어갈 생각만 한다. 쉽게 열리는 뒷문이나 옆문이 있을 수 있다는 생각은 좀처럼 하지 못한다. 사람의 경우도 상대방을 전체적으로 판단하는 것이 아니라, 어느 한 면만 보고 판단해서 실수할 때도 많다. 그처럼 편협한 습성은 자신에게도 해당된다.

오래 전 일이지만 일본 동경제국대학교 입시문제에 좀 엉뚱한 주관식 문제가 나왔다. 말뚝에 고삐가 묶여 있는 말과 조금 떨어진 곳에 먹이통이 놓인 그림을 제시하고 말이 먹이를 먹을 수 있는 방법을 답하라는 문제였다.

'말이 뒷발로 먹이통을 끌어당긴다.'

'말이 힘껏 뒷걸음질해서 말뚝이 쓰러지게 한다.'

등의 갖가지 답이 나왔다. 가장 좋은 점수를 받은 답은,

'주인이 먹이통을 말의 앞으로 옮겨준다.'였다.

창의성을 강조하는 일본의 어느 기업도 입사지원자들에게 엉뚱한 실기문제를 제시했다. 끈으로 단단히 묶은 상자를 지원자들 앞에 하나씩

내놓고 가장 빨리 포장된 끈을 푸는 사람에게 최고점을 준다고 했다. 모두 단단히 묶인 끈을 풀려고 안간힘을 다했다. 최고점자는 가위로 끈을 잘라버린 지원자였다.

기원 전, 고대 마케도니아의 알렉산더 대왕은 자신의 군대가 점령한 소아시아의 고르디아라는 도시에 신전이 있는데 신전기둥에 아직까지 아무도 풀지 못한 매듭이 묶여 있다는 얘기를 들었다. 그 매듭을 푸는 자가 세계를 지배한다는 속설이 있다는 것이다. 알렉산더는 자신의 능력을 과시하기 위해 신전을 찾아가서 매듭을 풀어 보려고 힘을 썼지만 풀리지 않자 홧김에 칼로 매듭을 내리쳤다. 그러자 매듭이 끊어지며 저절로 풀렸다. 그 단단한 매듭은 칼로 잘라야 풀리게 되어 있었다. 일본 기업의 시험문제는 그 일화를 근거로 한 것이다.

그처럼 우리 인간은 자신들에게 익숙한 고정관념에서 쉽게 벗어나지 못하고 생각보다 융통성이 크게 부족하다. 문제를 해결할 때 자신의 고정관념으로 안 되면 익숙한 관념을 바꾸거나 창의력을 발휘해야 한다. 이를테면 '역발상逆發想'도 그 가운데 하나다.

우리는 갖가지 문제들을 안고 살아간다. 요즘처럼 살기 힘든 시대에는 문제들이 더욱 많아진다. 취업도 어렵고, 내 집 마련은 꿈조차 꾸기 어렵고, 자기를 내세울 만한 것이 없으니까 연애도 어렵고, 이성을 사귀어 봤자 내 집도 없으려니와 엄청난 결혼비용 때문에 결혼도 못한다.

설령 결혼해도 아이를 낳을 엄두를 내지 못한다. 육아비용이 생계를 위협하고 부부가 맞벌이를 하는데 아이를 맡길 곳도 마땅치 않다. 결국 아이 낳기를 포기하는 실정이다. 전세, 월세가 천정부지로 치솟아 더 도심에서 멀리 떨어진 곳으로 옮겨가서 살아야 한다. 그러면 교통비도 만만치 않고 직장을 오가는 데 시간낭비가 심하다.

이와 같이 온갖 문제들에 짓눌려 있고 여간해서 제대로 되는 일이 없으니 불만이 크게 늘어나고 자신에게 도움이 안 되는 사회에 분노한다.

자신에게 익숙하고 체질화된 고정관념과 낡은 사고방식으로는 삶과 관련된 꼬이고 꼬인 어려운 문제들을 해결하기 어렵다. 세상을 바꿀 수 없다면 나를 바꿔야 한다고 했듯이, 어느 한쪽 면만 바라보고 덤벼들려는 외골수의 편협함에서 벗어나 문제에 대한 다양한 관점과 융통성을 가져야 한다.

더욱이 자기에게 당면한 문제들을 풀려다가 제대로 안 되면 포기하려는 무기력과 자기합리화에서 벗어나야 한다. 무엇이든 잘 안 풀리면 자신을 합리화하는 것도 잘못된 습성이다.

"요즘 세상에 제대로 되는 일이 있겠어? 잘 안 되는 게 당연한 거 아냐?"

"내 능력이 부족한 게 아니라 우리 사회가 잘못됐기 때문이야."

이러한 자기합리화는 문제들을 더욱 악화시킬 뿐 아무런 도움이 되지 못한다. 생각과 관점을 과감하게 넓혀야 한다. 잘 안 풀리면 역발상을 해보든지 문제를 뒤집어 보라.

세계 최고의 억만장자로 손꼽히는 미국의 워렌 버핏에게는 위대한 동업자로 불리는 인물이 곁에 있다. 하버드 대학 출신의 법학박사 찰리 멍거Charie Munger라는 인물이다. 그가 이런 말을 했다.

"뒤집어라 언제나 뒤집어라.
어떤 상황이나 문제를 뒤집어 보라.
정면이 아니라 뒤에서 바라보라.
다른 사람의 입장에서도 바라보라."

잘 안 풀리는 문제를 풀려면 알렉산더가 절대로 풀 수 없다는 전설적인 매듭을 칼로 내려쳐서 풀었듯이, 엉뚱한 발상이 필요하다. 문제를 거꾸로 보기도 하고, 뒤집어 보기도 하고, 다른 사람이라면 어떻게 할까, 남과 처지를 바꿔 생각해 보는 역지사지易地思之 등 고정관념에서 벗어나 생각을 바꾸면 문제가 다르게 보이고 뜻밖에 손쉬운 해결방법이 떠오를 수 있다.

궁수弓手가 백발백중하는 비결은 먼저 화살을 쏘고 그 다음 화살이 꽂힌 곳으로 과녁을 옮겨놓으면 된다는 우스갯소리가 있다. 거꾸로 보고, 뒤집어 본다는 것은 그러한 기발한 발상을 가져올 수 있다.

그러기 위해서는 먼저 당면한 문제들에 대한 집중과 몰입이 중요하다. 문제에 집중해야 거꾸로 보기도 하고 뒤집어 볼 수도 있다.

만유인력을 발견한 뉴턴은 어떻게 그런 위대한 발견을 할 수 있었느냐는 질문에,

"나는 오직 그 생각만 했다."

고 대답했다. 상대성 원리를 알아 낸 아인슈타인도 그 어려운 문제를 어떻게 알아 냈느냐는 질문에,

"몇 달이고 몇 년이고 생각하고 또 생각했다. 그러다 보니 99번 틀리고 100번째가 돼서야 비로소 맞는 답을 찾아냈다."

고 했다. 그것이 곧 집중과 몰입이 가져 온 놀라운 성과이자 변화다. 어떤 문제라도 집중하면 해답이 보이기 마련이다. 우리가 추구하는 행복도 자신에게 가장 큰 문제가 될 수 있다. 좀처럼 행복은 그림자도 보이지 않는다고 낙심할 것이 아니라 오늘을 헛되이 보내지 말고 자신이 바라는 행복에 집중해 보라.

오늘이 쌓여서 인생이 되고, 삶이 쌓여서 역사가 된다고 한다. 자신에게 주어진 오늘에 충실한 것은 자신의 행복한 인생, 자신의 역사를 창조하는 지름길이다.

어리석은 사람이 세상을 바꾼다

우리에게는 남들의 사람 됨됨이를 쉽게 판단하는 습성이 있다. 단지 말과 행동만 보고 똑똑한 사람, 머리가 좋은 사람으로 판단하고 어리석은 사람, 아둔한 사람, 머리가 나쁜 사람, 바보라고 판단한다. 그런데 신통하게도 이러한 단순하고 가벼운 판단이 들어맞는 경우가 많다.

그러면 어떤 사람이 똑똑한 사람일까?

보편적으로 배움이 많아 아는 것이 많고, 머리가 좋아서 상황판단과 사리분별이 빠른 사람이다. 또한 품행이 바르고 교양이 풍부한 사람, 현명한 사람을 똑똑한 사람으로 평가한다. 그에 견주어 배움이 적어 아는 것도 적고, 상황판단이나 사리분별에도 어둡고 남들의 속임수에 잘 넘어가 피해를 보는 일이 많은 사람이 머리가 나쁜 사람, 어리석은 사람이다. 그 정도가 심하면 바보라는 소리를 듣는다.

당연히 똑똑한 사람, 현명한 사람이 사회적으로 인정받고 좋은 신분을 유지하며 어리석은 사람, 머리가 나쁜 사람은 사회적으로 외면당하고 신분도 낮을 뿐 아니라 어디서나 폄하되고 부당한 대우를 받는다. 그렇다면 사람 됨됨이에 대한 이러한 판단과 평가가 반드시 딱 들어맞는 것일까? 그럴 수 있는 확률이 높은 것은 부인할 수 없다. 하지만 딱 들어맞는다고 단언할 수는 없다.

16세기 프랑스 철학자 몽테뉴는 현명한 사람이 어리석은 사람에게 배우는 것이 어리석은 사람이 현명한 사람에게 배우는 것보다 더 많다고 했다. 왜 그럴까?

우직한 사람은 배움이 적어 아는 것이 제한적이며, 두뇌 회전이 느려 말수가 적은가 하면 말과 행동도 느려서 답답하고 고지식한 경우가 많다. 하지만 많이 알지는 못하더라도 우직한 사람이 아는 것은 사회적, 윤리적으로 올바른 것, 인간으로서 반드시 지켜야 할 것들이다.

우직한 사람은 잔꾀가 없어서 정직하며 남을 속일 줄 모른다. 그 때문에 우둔하고 우직한 사람에게 피해를 입는 사람은 거의 없다. 뿐만 아니라 꾀를 부릴 줄 몰라 성실하고 근면하다. 일을 맡기면 자기가 할 수 있는 한, 오직 그 일 하나에만 매달려 기어이 마지막을 장식한다. 그런데도 우둔하고 우직한 사람을 얕잡아 볼 수 있을까?

그 반면에, 똑똑한 사람, 머리가 좋은 사람은 두뇌회전이 빨라 상황 판단이 민첩하고 잔꾀와 요령이 능수능란하다. 눈치도 빨라서 자신에게 유리한지, 불리한지를 재빨리 파악하고 유리한 쪽을 택해 처신함으로써 출세도 빠르다. 이기적이어서 변심과 배신도 빠르다. 머리가 좋아서 속임수에 능숙하다.

또한 아는 것이 많아 계산이 빠르고 타산적이다. 신뢰감이 부족한 경우가 많고, 큰 이득을 얻지 못한다면 언제든지 직업을 바꾼다. 어느 분야에서 조금만 뛰어나면 스스로 자신의 유능함을 과시한다. 똑똑한 사람은 자신에게 유리하고 불리한 것에 민감하고 그에 따라 자주 직업과 직장을 바꾸기 때문에 실패할 확률이 높다.

이렇게 보면 과연 똑똑한 사람이 나은 것인지, 어리석은 사람이 나은 것인지 판단이 서지 않는다. 더욱이 '어리석은 사람' '우둔한 사람' '머리 나쁜 사람'이라는 평가는 어디서 나온 것인가? 똑똑하거나 똑똑한 척 하는 사람들이 자기보다 못하다는 사람들에게 내린 일방적인 평가다.

무엇보다 중요한 것은 일반적으로 우둔하다는 사람들이 세상을 바꾸는 데 적지 않은 기여를 한다는 사실이다.

2016년에 세상을 떠난 경제학자이자 작가이기도 한 신영복申榮福 교수는 그의 〈담론〉이라는 저서에서 이렇게 말하고 있다.

"세상에는 지혜로운 사람과 어리석은 사람 두 종류가 있다.
지혜로운 사람은 세상에 자기를 잘 맞추는 사람이다.
어리석은 사람은 어리석게도 세상을
자신에게 맞추려는 사람이다.
역설적인 것은 어리석은 사람들의 우직함으로
세상은 조금씩 변해 왔다는 사실이다."

요즘 우리는 너나할 것 없이 모두 잘 났고 똑똑하고 영악하다. 영악하지 않으면 이 힘든 세상을 살아가기 어려운 까닭도 있겠지만, 그보다 시대변화에 따라 자기중심적이고 이기적으로 변모했기 때문이다.

경우에 따라서는 손해 볼 줄도 알아야 하는데, 자신에게 조금이라도 불이익이 있고 무시당했다는 생각이 들면 거품을 물고 나선다. 우둔한 사람들은 그럴 줄 모른다. 자기가 좀 손해 보는 것을 당연하게 생각한다. 그래서 우둔하다는 소리를 듣는다.

우직한 사람은 자기가 할 수 있는 일, 한 가지에 매달려 마침내 무엇인가 이룩한다. 꾀를 부리지 않고 묵묵히 우직하게 일한다. 샘을 파더라도 오래 걸려도 꾸준히 삽질을 해서 샘물이 나올 때까지 판다. 그러한 정직과 우직이 그들에게 배울 점이다.

지나친 영악함을 버리고 좀 우직해 질 필요가 있다. 유명한 정신건강의학 의사이자 교수이며 저술가인 이시형 박사도 그의 저서를 통해 '둔하게 삽시다!'라고 했으며, 고대중국의 사상가였던 순자荀子는,

"천 리마도 한번 뛰어서는 10보의 거리를 갈 수 없으며, 아무리 더딘 말도 열흘을 달리면 천리를 갈 수 있다. 성공은 그만 두지 않는 것에 달려 있다."

고 했다. 우직한 사람이 어리석게도 꾸준히 한눈팔지 않고 '행복'이라는 샘을 팔 수 있다. 좀 더딜지 몰라도 행복이라는 샘을 파고 만다. 쉬지 않고 샘을 파는 것은 힘든 일이지만 그것이 행복일 수 있다. 왜냐하면 행복은 목적이 아니라 과정이기 때문이라고 하지 않았는가.

내 편이 되어주는 시간 만들기

지금까지 꾸준히 강조해 왔지만, 오늘의 행복을 만드는 확실한 비결은 자신의 '시간 관리'에 있다. 누구에게나 하루는 24시간이지만 시간을 이끌고 가냐, 내가 시간에 끌려가느냐의 차이는 매우 크다. 내가 시간을 이끄는 것은 시간을 사용하는 것이지만 시간에 끌려가는 것은 시간을 낭비하는 것이다.

오늘을 행복하게 하려면 어떡해서든지 시간을 내 편으로 만들어야 한다. 주도적으로 오늘 하루의 시간을 내가 원하는 대로 효과적으로 충실하게 사용하면 하루는 무척 길게 느껴진다. 하루가 지루한 것이 아니라 가슴이 뿌듯하게 느껴지는 것이다. 말하자면 그것이 행복이다.

그렇다면 어떻게 시간을 내 편으로 만들까? 몇 가지 자신의 진지한 노력이 있어야 시간이 내 편이 된다.

첫째, 낙관적이고 긍정적인 마인드를 가져야 한다.

미국 육군대장 출신으로 합참의장과 국무장관을 지낸 콜린 파웰Colin Powell은 긍정적인 마인드를 견지하기 위해 자신의 책상 유리판 밑에 낙관적 성향이 강한 금언들을 적은 종이를 깔아놓았다. 대략 다음과 같은 것들이었다.

'내가 생각하는 것처럼 나쁘지 않다.'

'앞으로 더욱 좋아질 것이다.'

'나는 해 낼 수 있다.'

'두려움을 주거나, 부정적 마인드를 가지고 있는 사람들의 충고는 듣지 않는다.'

자신의 본성이 그렇지 못하더라도 의도적으로 긍정적인 사고를 하여 체질화되도록 해야 한다. 그렇다고 해서 아무런 행동도 하지 않고 무조건 모두 잘될 거라는 생각을 가져서는 안 된다. 자신을 위해 무엇인가 실천하는 구체적인 행동이 뒤따라야 한다.

둘째, 일할 때는 화끈하게, 휴식할 때는 모든 것을 말끔히 잊고 몸과 마음을 잠시라도 푹 쉬게 해야 한다.

일할 때는 자신이 하고 있는 일에 몰입할 수 있어야 한다. 미국의 저명한 인류학자 에드워드 홀Edward T. Hall 교수는 말했다.

"세상에 완전한 사람은 없다. 우리는 모두 부족하기 때문에 성장할 수 있는 잠재력이 있다. 우리에게 숨겨진 힘을 발휘하지 못한다면 정말 괴롭고 고통스런 일이다."

자신이 하는 일에 몰입하면 잠재력도 발휘된다. 잠재력은 자신이 지금까지 보여준 능력을 훨씬 넘어서는 엄청난 힘이다. 일에 몰입하여 자신의 숨겨진 능력을 끌어 낼 수 있다.

휴식할 때는 철저하게 쉬어야 한다. 아무 생각도 행동도 하지 말고 몸과 마음을 텅 비워야 한다. 그럼으로써 에너지가 충전되어 활력을 회복한다.

셋째, 자기 자신과의 싸움에서 이겨야 한다.

남들과 경쟁하는 것보다 훨씬 중요한 것은 자기와의 싸움이다. 인간은 누구나 편안하고 싶은 욕구가 있다는 얘기를 자주 했다. 몸과 마음이 조금만 힘들어도 쉬려고 한다.

바꿔 말하면 시간을 그냥 흘려보내고 싶어진다. 이러한 시간의 활용을 방해하는 것들을 이겨내지 못하면 행복성취는 그만큼 더 멀어진다. 자칫 쾌락적, 퇴폐적 욕망에 매몰되면 행복은 멀리 달아난다.

마음이 흔들리면 산책을 하거나 좀 더 멀리 어느 순례 길을 혼자 걸으면서 자기 자신과 대화하며 마음을 추스르면 큰 도움이 된다. 남들과의 경쟁보다 자신과의 싸움이 인생의 승패를 가른다는 것을 잊지 말아야 한다.

넷째, 너무 서두르지 말아야 한다.

우리에겐 남보다 앞서가고 먼저 가려는 욕구가 강하다. 그것은 욕구라기보다 욕심이다. 자신의 목표를 향해 추구하는 것들이 뜻대로 안 되면 초조해져서 서두른다.

그러다 보면 짜증과 불평, 불만이 늘어나 평상심과 집중력을 잃는다. 반드시 거쳐야 하는 절차를 건너뛰면서 빨리 앞으로 나아가려고 한다. 그럴수록 실수와 시행착오가 늘어난다. 자칫하면 다시 제 자리로 돌아올 수 없을 만큼 계획이 어긋난다.

그 지경에 이르러 더욱 일이 뜻대로 안 되면 세상을 탓한다. 세상이 혼란스러워 되는 일이 없다는 것이다. 더욱 혼란스러운 것은 세상이 아니라 자기 자신이다. 먼저 자기 자신을 탓해야 한다. 자기 자신에게 채찍질해야 한다.

다섯째, 내일은 없다고 생각해야 한다.

우리는 내일이 있다는 무의식적인 생각 때문에 나태해진다.

"세월이 어디 가냐? 넘쳐나는 게 시간이다."

이러한 안이한 생각을 하면 무엇에 집중하거나 몰입하기 싫어진다.

서두르지는 말아야 하지만, 오늘 하기로 결심한 일은 내일로 미루지 말고 반드시 오늘 끝내야 한다. 오늘 할 일을 내일로 미루지 말라는 말은 귀가 아프게 들었다. 그것은 자신의 마음가짐과 각오에 달려 있다.

그 밖에도 저마다 시간을 관리하는 요령이 있겠지만, 위에서 지적한 다섯 가지만 실천할 수 있다면 충분히 시간을 내 편으로 만들 수 있다. 그처럼 자신의 시간을 마음껏 활용해서 충만하다면 진정으로 행복한 오늘이 된다.

거듭 얘기했지만 인생에는 영원히 오늘밖에 없다. 속절없이 내일을 기대하지 말고 오늘 하루가 내 인생의 전부라는 마음가짐으로 가득 채워야 한다. 완벽하지 않더라도 자신이 꼭 해야 할 일을 내일로 미루면 안 된다.

제2차 세계대전에서 나치독일을 물리친 영웅의 한 사람으로 미국의 조지 패튼George S. Patton 장군을 손꼽는다. 그는 안타깝게도 연합군이 독일을 무너뜨린 뒤 기쁨도 잠시뿐, 1945년 12월 독일에서 뜻밖의 자동차 사고로 숨졌다.

그는 야전군 사령관으로서 북아프리카, 유럽 등지에서 독일군을 물리치며 승전을 거듭했다. 성격이 불같아서 '싸움닭'이라는 별명까지 얻었던 그는 하루에 무려 110km를 진격했다. 그가 이런 말을 남겼다.

"오늘 적극적으로 실행한 계획은
내일의 완벽한 계획보다 낫다."

기억해 두면 오늘을 충실하게 보내는 데 도움이 될 것이다. 이 책의 결론이다.